本当の幸せとは

—仏法をヒモ解いてみると—

もくじ

はじめに

本書を手に取っていただきありがとうございます。

私は、子どものころは病弱で、三回も死に目に会いました。一度は当時流行した伝染病のジフテリアで、のどを切開して器具を挿入し、そこで息をしていました。タンがのどに詰まると死んでしまいますので、おふくろさんは寝ずに看病、鳥の羽でのどのタンを絡め取ってくれ、無事退院したことを覚えています。二度目は医師が、筋炎を腸ねん転と誤診をしたために、おなかを指圧した結果、ますます痛みが激しくなり、もう、生きて帰れないといわれ入院。手術の結果ウミが飛び出し治ったこと。三回目は草野球のアンパイヤを務め、ボールが鼻にぶつかって、鼻血が止まらなくなり入院、輸血のおかげで命拾いをした事でした。

そんなことから、5人兄弟の中で、自分だけ病弱なのは、何かあるのではないかと、神仏に手を合わせることが多くなりました。当時、おふくろさんも病弱で、田植えのころになると、寝込んだりして、手伝えなくなり、霊友会などに入り、般若心経などを読んでいました。中学のころは町の教会に住み込んで、聖書を学び、そこから学校に行くという生活でした。

高校を卒業し、上京。友人が訪ねてきて、いいところがあるから、一緒に行こう、と誘われ、着いたところが創価学会の座談会場でした。そこでは、宗教は何でも良いのではなく、信じる対象によって、個人も家庭も、すべて決まってしまうことを聞かされ、禅宗の檀家総代をしていた家の害毒をいやというほど知らされて、即、入会しました。19歳の年でした。以来60年になろうとしていますが、入院はおろか、一度も病気になったことはなく、元気いっぱいで、皆から「どうしてそんなに元気なんですか」といわれるほどです。

是も、正しい仏法に巡り合えたおかげで、感謝の日々を送っています。お正月になると、初詣に行く人で、有名神社が人であふれている光景をテレビなどでよく見ます。また、七福神やお遍路、山岳信仰など、手を合わせる場所はたくさんありますが、それぞれ、何を祭っているかが大問題だというのです。殆どの人は、そのことを吟味しないで、只信じてお賽銭を上げるだけ。盲目的に信じた結果、18人もの優秀な青年が死刑や無期懲役となった「オウム真理教事件」が最たるものでしょう。

この頃は、マルクスレーニン主義や左翼の思想も見る影もなくなり、もっぱら拝金主義が蔓延しています。お金さえあれば、幸せになると信じ、もっぱら一生使っても使いきれないお金をためている人が、大勢いるそうです。なにしろマイクロソフトのビル・ゲイツやアマゾンの創業者ジェフ・ベゾスなど8人で世界の半分のお金を所有しているというから、驚きです。日本でも、仮想通貨が投機の対象になり、集めたお金580億円が流失したとかで、大騒ぎとなりました。お金がたくさんあれば幸せでしょうか。どうも、そうではなさそうです。確かにお金は生きる上に不可欠なものですが、人生の手段であっても、人生の目的ではありません。

宗教評論家の、ひろさちやさんは、次のように述べています。「我々日本人は物質的に豊かになればなるほど、ますます豊かさに飢《かつ》える。それが欲望の本質だ。然りとすれば〝少欲〟によってしか、欲望は克服できない。それを仏教は教えているのである。ホンモノの宗教をもたない日本人は、ホンモノの幸福がわからない。このまま行けば、日本人はへばってしまうだろう。私はそれが心配だ」と。

ここでは、3000年前の釈迦に始まり、シルクロードを経て日蓮、そして現代の創価学会へと受け継がれた法華経。その法華経には男女は平等で、貴賤上下によらず、法に基づくべき等と、民主主義の基本が説かれております。こうした法であるから、いかなる国や民族にも伝わるのでしょう。ここでは、「人間の真の生き方を示す道とは何か」を私なりに仏法を中心に探ってみました。

鎌倉時代の日蓮大聖人は「おなかが減っては食をねがい・のどが乾いたら水を欲しがるように、また恋する人に会いたいように、そして病にくすりをたのむがごとく、美人がお化粧をするがごとく・法華経には信心をいたさせ給へ・さなくしては後悔あるべし」（趣意）と優しく述べています。また、本当の幸せは、世の為・人の為に働き、善根を積むことであると仰せになり、「花は開いて木の実となり、月は出でて必ずみち・燈《ともしび》は油をさせば火を増し・草木は雨ふればさかう・人は善根をなせば必ずさかう」と仰せになり、自然の理《ことわり》を引いて、本当の幸せになる道を説かれています。

創価学会は、日蓮大聖人の仰せのままに実践、世界192カ国・地域に大聖人の教えを拡大させてきました。しかし、その間、どれほど誹謗中傷があったか、想像を絶するものがあります。しかし、ホンモノの宗教は、誰が何と言おうが、それなりの結果が出るものです。創価学会が誹謗中傷にさらされ、その本質をまともに見れなくなった方も、この本を読んでホンモノの宗教に目覚め、本当の幸せの道にまい進できましたら、これ以上の歓びはありません。

釈尊はなぜ出家したのか「四門遊観《しもんゆうかん》」

世界の宗教の中で、仏教徒は3億8千400万人といわれています。この仏教を開いたのは、紀元前5世紀のインドで生まれた釈尊《しゃくそん》でした。

釈尊とは、「釈迦牟尼世尊《しゃかむにせそん》」の略で、本名は「ゴータマ・シッダールタ」。ゴータマは姓で「最良の牛」、シッダールタは名で「目的を達成した者」をそれぞれ意味します。お釈迦様とか仏様と呼ばれ、慕われています。

生老病死を目の当たりにして

なぜ釈尊が仏教に目覚めたかといえば、人間、誰しも100%死から逃れる事はできません。王家に生まれた釈尊は、将来、王様の位を約束されていましたが、ある日、王子シッダールタは遊びに行くために馬車に乗って東の城門を出ると、そこには歯が抜け落ち、腰の曲がった白髪の老人を見かけます。召し使いに聞くと「あれは老人です。人として生を受けた者はいずれ必ずあのような姿になるのです」との答えが返ってきたので、遊びに行くことをやめ、召し使いに命じて宮殿に引き返しました。

別の日、南の城門から外出しようとした時、やせ衰えてうずくまる病人を見ます。召し使いに聞くと「あれは病人です。人として生を受けた者は、いつかはあのような姿になるのです」との答え。シッダールタはまた宮殿に引き返しました。

次に、西の城門から馬車で外出すると、横たわる死人を見ます。「あれは死人です。人として生を受けた者は、誰でもいつかは必ずあのような姿になるのです」と説明する召し使いの言葉にシッダールタは、またも引き返します。

王子は何不自由なく暮らしていたため、病・老・死を知らなかったので、いずれの場面でも衝撃を受けたのです。「生まれた者は必ず老い、病み、死ぬ。人生ははかないものだ」と一層深く思い悩むようになりました。

ところが、ある日、遊園に出かけるため北の城門から出ると、すがすがしい姿の出家修行者を見ます。シッダールタは馬車を近づけて、「あなたたちは何をする人なのか」と聞いたところ「私は出家者です。正しい修行生活を行い、人々に慈悲をもたらします」という答えでした。王子は深く考えさせられました。

王様の位を捨てて出家する

【生老病死《しょうろうびょうし》】人間がこの世で避けられない四つの苦しみ――生まれ、生きること、老いること、病気になること、死ぬこと。これを四苦といい、どんな人間でも逃れることができない4つの苦しみを言います。となれば、釈尊にあらず、凡人である我々人間も、この苦しみをどう逃れるかについて、悟りとはいかないまでも、一度は考えないわけにはいかないでしょう。鎌倉時代に出現した日蓮大聖人も「臨終の事を習ってから、他を習いなさい」という言葉まで残しています。

シッダールタ王子は《生老病死の苦悩は出家・修行によって克服できる。出家の生活こそ自分が求めている理想の姿だ》との思いを強めます。

作家の五木寛之氏は次のように述べています。

「ブッダの教えの第一歩は、『人生は苦である』というところから出発している。いわば、徹底したネガティブ・シンキングからはじまっているといってもいい。この世は苦しいものであり、生老病死などのさまざまな苦に満ちている。その苦しみのなかで、人間はどのように生きていくのか。ブッダは、そのことを終生説き続けた人だった」
（『仏教への旅・インド編〈下〉』、講談社）

釈尊は、30歳で成道してより42年間にわたり、『華厳経《けごんきょう》』をはじめとして『阿含経《あごんきょう》』、『方等経《ほうどうきょう》』、『般若経《はんにゃきょう》』と順に法を説かれましたが、これらは、衆生の機根《きこん》を調《ととの》えて真実の教えに導き入れるための方便《ほうべん》の教えでした。つまり、幼い子供に、いきなり大学生の学問を教えても、理解が難しいことから、いろんな比喩《ひゆ》を使いながら、導いていったのです。

そして釈尊は72歳のときから、8年間にわたり摩竭陀国《まかだこく》の霊鷲山《りょうじゅせん》において、『法《ほ》

人間誰しも生老病死をのがれることはできない

華経《けきょう》』を説かれました。この法華経の教説こそ、釈尊がこの世に出現した一大目的であり、真実の教法だったのです。

釈尊は、既に決まっていた王様になる道を選ばず、人間が陥る四つの苦しみについて、その解決方法を生涯にわたり研さん、悟りを開き、晩年、法華経という世界最高といわれる生命哲学の経典を現したのです。そして生老病死の四苦を乗り越える法を説き、生涯、人々のために尽くし「お釈迦様」「仏様」として多くの人々から慕われているのです。

13……釈尊はなぜ出家したのか「四門遊観」

人間として逃れられない「四苦八苦」

生・老・病・死を四苦といい、釈尊が出家の原因となったことは、前回述べました。さて、この「四苦」に、愛別離苦《あいべつりく》・怨憎会苦《おんぞうえく》・求不得苦《ぐふとっく》・五陰盛苦《ごおんじょうく》を加えて「八苦」というのです。人が苦しくてどうにもならない時など、「四苦八苦だよ」というのは、仏教用語からきています。

愛別離苦とは

どんなに愛し合っていても、別れたり、離れる苦しみを言います。愛する人や物と別れる苦しみ。手に入れたものは、いつか手離さなくてはならないのです。毎日きれいにお手入れしているこの肉体さえ、やがて焼いて灰になる。死んでゆく時には、お金や財産、何も持ってゆけずに、独りぼっちで逝かねばならないのです。生まれてきたのも裸、死んでゆくときも一人で、裸です。

お釈迦様はこれを「独生独死 独去独来」（独り生まれ独り死に、独り去り独り来たる）と仰っています。悲しいことですが、誰も否定できる人はいないでしょう。７年前の東日本大震災や熊本地震、さらには日本中に起こる大災害の時など、どれほどの人が、この愛別離苦を味わったことでしょう。

怨憎会苦とは

愛別離苦の反対で、よく言われる嫁と姑の関係や、会社でもいやな上司と顔を合わせているほど、つらいことはありません。恨んだり、憎んだりする命の事を怨憎会苦といいます。

「あの人が吐いた息を、同じ部屋で吸うのも嫌」という人があるし、夫と同じ墓には入りたくないという妻も少なくありません。

会っていても怨んだり憎んだりする命
他人と比べてコンプレックスに悩む命

求不得苦とは

求めても得られない苦しみ。世の中、自分の思いどおりになるものではありません。「朝夕の 飯さえこわし やわらかし 思うままには ならぬ世の中」と歌われているように、何かが得られても、何かが足りない。それぞれ置かれた立場で皆苦しんでいます。

五陰盛苦とは

男と生まれ、女と生まれたり、五体が満足であったり、なかったり、その差に苦しむ事を言います。五体満足、肉体あるが故に苦しむことで、これまでの七つをまとめたものです。生老病死も、その他の苦しみも、人間の命に宿る執着心から出ているというのです。苦しいからと西方十万億土に極楽浄土があるので、今世はあきらめなさいという教えや、灰身滅智《けしんめっち》といって、悩む自分を灰にすればすべて解決するといった考えもあります。ところが、こうした考えは、自殺に結びついてしまうのです。子供たちが、いじめに会い、自死の道を選ぶのも、死んだら楽になるという、これらの考えが奥底にあるのではないでしょうか。仏法では、命はかけがえのないもので、金剛《こんごう》法器界《ほうきかい》といい、金剛すなわちダイヤモンドに譬えられています。それを自ら壊すのは、決して幸せになるわけではないのです。むしろ、亡くなった後、両親はもちろんのこと、どれだけの人々が苦しむかを見ても、自殺は断じて選択すべきではないのです。四苦のうちで、髪が薄くなり、シミやシワが増えるといった「老い」に対し、増毛剤やエステ、その他の化粧品が売れることは、経済効果から見て好ましい事には違いありません。しかし、釈尊は、物事に執着するのではなく、嫉妬したり、羨望の眼を持つことなく、明らかに見る自分を作りなさいと言っています。つまり、執着する自分を鍛え、生老病死も、四苦八苦も高みから見る自分を作るということです。釈迦はさとりを得た後、ヴァーラーナスィーの鹿野苑《ろくやおん》において、初めて五比丘のために法を説いた（初転法輪）。

この時、四諦を説いたと言われています。四諦の「諦」とは、「あきらめ」ではなく、「ものごとの本質を明らかにする こと」とか、「真理（本当のこと）」と言う意味です。そこから「正しい生き方」という解釈も生まれてきます。四諦とは…

・苦諦《くたい》＝一切は苦であるという真理
・集諦《じったい》＝苦には原因があるという真理
・滅諦《めったい》＝苦は滅するという真理
・道諦《どうたい》＝苦を滅する道があるという真理

釈迦は初転法輪《はってんほうりん》において、まず迷いの現実が苦であることと、その苦は克服しうるものであることを明らかにしました。しかも、苦は単に苦として外にあるのでなく、我々がそれをどう受け取るのかで変わってくることを説いて、煩悩《ぼんのう》こそがすべてを苦と受け取らせる原因であることを明らかにしました。したがって、この煩悩を正しく処理すれば、苦に悩まされない境地をうる。その道は、いっさいの自己愛を捨て、他に同化することにあるので、その根本は自己の本姿に徹することである。つまり、本来、執着すべきでない自己に執着することが、苦の原因である。この苦を滅して涅槃《ねはん》の世界に入る方法が「仏道」であるとしたのです。

従って、結論から言えば、四苦八苦で苦しむ自分はすべて自分の責任であるということです。ですから、自分を磨いて人間革命する以外ないというのが、真の仏法の教えなのです。

生命の働きを十種に分類した「十界」

「十界」とは、私たちの生命の状態、境涯を10種に分類したもので、仏法の生命観の基本となるものです。十界の法理を学ぶことによって、自分が置かれた状況を的確にとらえ、各人がそれぞれの境涯を変革していく指針を得ることができます。

「十界」それぞれの名を挙げれば、地獄《じごく》界・餓鬼《がき》界・畜生《ちくしょう》界・修羅《しゅら》界・人《じん》界・天《てん》界・声聞《しょうもん》界・縁覚《えんかく》界・菩薩《ぼさつ》界・仏界《ぶっかい》です。

このうち地獄・餓鬼・畜生・修羅・人・天をまとめて「六道」といい、声聞・縁覚・菩薩・仏をまとめて「四聖」といいます。「六道」は、インド古来の世界観を仏教が用いたもので、もともとは生命が生死を繰り返す世界を六つに大別したものです。また「四聖」は自分から進んで修行しなければ得られない境涯です。

法華経以外の経典では、十界は、それぞれ固定化された生命の境涯としてとらえられていました。しかし法華経では、その考え方を根本的に破り、十界のうち仏界を除く地獄界から菩薩界までの九界の衆生に、それぞれ仏界が具わっていることを明かし、成仏した仏にも九界の境涯が具わることを説いて、十界は固定的な別々の世界としてあるのではなく、一個の生命に具わる10種の境涯であることを示したのです。

したがって、今、十界のいずれか一界の姿を現している生命にも、十界がすべて具わっており、縁によって次に他の界の境涯をも現せることが明らかになります。このように十界の各界が互いに十界を具えていることを「十界互具《じゅっかいごぐ》」といいます。

生命に十界がすべて具わっているということは、たとえ今の自分が地獄の苦しみの境涯であっても、仏界の大歓喜の境涯へと変革できるということです。このように、法華経に基づく十界論は、自身の生命の境涯をダイナミックに変革できることを示す原理となります。

それでは、十界のそれぞれの境涯について述べます。

(1) 地獄界

地獄は、もともとは「地下の牢獄」という意味で、経典には火事などに会って苦しむ八熱地獄や、寒さに震える八寒地獄など数多くの地獄が説かれています。

地獄界は、苦しみに縛られた最低の境涯です。「地」は最も底を意味し、「獄」は拘束され、縛られた不自由さを表します。犯罪者となって、牢獄につながれた場合は、まさに自由などなく地獄そのものと言っていいでしょう。

鎌倉時代の日蓮大聖人は「地獄おそるべし。炎をもって家とす」といわれるように、地獄界とは、自身を取り巻く世界全体を、炎のように自身に苦しみを与える世界と感じる境涯といえます。

また、思い通りにいかない自分自身や、苦しみを感じさせる周りの世界に対して抱く、やり場のない恨みの心です。苦の世界に囚われ、どうすることもできない生命のうめきが瞋《いか》りです。いわば「生きていること自体が苦しい」、「何を見ても不幸に感じる」境涯が地獄界です。

(2) 餓鬼界

餓鬼界とは、欲望が満たされずに苦しむ境涯です。

古代インドにおける餓鬼のもともとの意味は「死者」のことです。死者が常に飢えて食物を欲しているとされていたことから、とどまるところを知らぬ激しい欲望の火に、身も心も焼かれている生命状態を餓鬼界と表現します。

飢えて子まで食べるというような貪り、すなわち際限のない欲望にふりまわされ、そのために心が自由にならず、苦しみを生じる境涯のことです。

もちろん、欲望そのものには善悪の両面があります。人間は、食欲などの欲望がないと生きていけないことも事実です。また、欲望が人間を進歩、向上させるエネルギーとなる場合もあります。しかし、欲望を創造的な方向に使えず、欲望の奴隷となって苦しむのが餓鬼界です。子供が「あれ買ってほしい」などと駄々をこね、親を困らせるのも、餓鬼界の生命といえるでしょう。経営者が、ただ儲ければいいという考えで、ブラック企業になったり、若者が、ストーカーとして、妄想の果て、人を殺《あや》めたり、金さえあれば幸せになると考え、金が欲しいために詐欺を働いたりする、これでは欲望の奴隷です。何のためにお金を稼ぐのかという目的が無いからです。

(3) 畜生界

畜生という言葉は、もともとは獣や鳥などの動物を指します。畜生界の特徴は、目先の利害にとらわれ、理性が働かない「愚かさ」です。

因果の道理が分からず、正邪・善悪の判断に迷い、目先の利害に従って行動してしまう境涯です。また「畜生の心は、弱きをおどし、強きをおそる」「畜生は、残害（傷つけ殺すこと）とて、互いに殺しあう」と仰せのように、畜生界の生命は、理性や良心を忘れ、自分が生きるためには他者をも害する弱肉強食の生存競争に終始していく境涯です。目先のことしか見えず、未来を思考できない愚かさの故に、結局は、自己を破滅させ、苦しむのです。

畜生という表現は、古代インドの表現を踏襲したものです。動物であっても例えば盲導犬のように人を助けることを使命として生きる例もあります。また逆に人間であっても、戦争のように他の動物よりも残酷な行為をする場合もあります。

地獄界・餓鬼界・畜生界の三つは、いずれも苦悩の境涯なので「三悪道」といいます。

(4) 修羅界

修羅とは、もともとは阿修羅《あしゅら》といい、争いを好む古代インドの神の名です。自分と他者を比較し、常に他者に勝ろうとする「勝他《しょうた》の念」を強くもっているのが修羅界の特徴です。

他人と自分を比べて、自分が優れて他人が劣っていると思う場合は、慢心を起こして他を軽んじます。そして、他者の方が優れていると思う場合でも、他者を尊敬する心を起こすことができません。また、本当に自分よりも強いものと出会ったときには、卑屈になってしまうものです。

自分をいかにも優れたものに見せようと虚像をつくるために、表面上は人格者や善人をよそおい、謙虚なそぶりすら見せることもありますが、内面では自分より優れたものに対する妬《ねた》みと悔しさに満ちています。このように内面と外面が異なり、心に裏表があるのも修羅界の特徴です。

ゆえに、「諂曲《てんごく》なるは修羅」と説かれています。「諂曲」とは自身の本音を隠して相手に迎合していくことです。「諂《てん》」は「へつらう、あざむく」という意味で、「曲《ごく》」は「道理を曲げて従う」ということです。

修羅界は、貪瞋癡《とんじんち》の三毒（貪《むさぼり》、瞋《いかり》、癡《おろか》という三つの根本的な煩悩《ぼんのう》）にふりまわされる地獄・餓鬼・畜生の三悪道と異なり、自分の意思で行動を決めている分だけ、三悪道を超えているといえます。しかし、根本は苦しみを伴う不幸な境涯なので、三悪道に修羅界を加えて「四悪趣《しあくしゅ》」ともいいます。この修羅界が国と国同士になれば、戦争に発展してしまうのです。

(5) 人界

人界は、穏やかで平静な生命状態にあり、人間らしさを保っている境涯をいいます。日蓮大聖人は「平らかなるは人」と仰せです。この人界の特質は、因果の道理を知り、物事の善悪を判断する理性の力が明確に働いていることです。

大聖人は「賢《かしこき》を人といい、はかなきを畜《ちく》という」と言われています。善悪を判別する力を持ち、自己のコントロールが可能になった境涯です。

この人間らしい境涯も、決して努力なしに持続できるものではありません。実際に、悪縁が多い世間にあって、人間が「人間らしく生きる」ことは難しいものです。それは、絶え間なく向上しようとする自分の努力がなければ不可能です。いわば人界は「自分に勝つ」境涯の第一歩といえます。

また人界の生命は「聖道正器《せいどうせいき》」といわれ、仏道（聖道）を成ずることができる器であるとされています。

人界は悪縁にふれて悪道に堕ちる危険性もある半面、修行に励むことによって仏法の覚りの境涯である四聖への道を進むことができる可能性を持っているのです。

努力しない命は環境に支配され易い

(6) 天界

天界の天とは、もともと古代インドにおいては、地上の人間を超えた力を持つ神々のこと、また、それらが住む世界という意味です。古代インドでは、今世で善《よ》い行いをした者は来世に天に生まれると考えられていました。

仏法では、天界を生命の境涯の一つとして位置づけています。努力の結果、欲望が満たされた時に感じる喜びの境涯です。大聖人は「喜ぶは天」と仰せです。

欲望といっても、睡眠欲や食欲などの本能的欲望、新しい車や家が欲しいというような物質的欲望、社会で地位や名誉を得たいという社会的欲望、未知の世界を知ったり、新たな芸術を創造したいというような精神的欲望などがあります。また、近ごろ有名人が不倫とかで、好きな人と恋愛感情となって、文春に追いかけられ、マスコミをにぎわす事件が多くありますが、それらの欲望が満たされ、喜びに浸っている境地が天界です。

しかし、天界の喜びは永続的なものではありません。時の経過とともに薄らぎ、消えてしまいます。ですから天界は、目指すべき真実の幸福境涯とはいえないのです。たとえば宝くじが当たって有頂天になったり、目指す大学に合格して、喜びに浸ったりするも、長くその喜びが続くことはありません。ですから《喜ぶは天》というのです。

ここまでを六道といい、大した努力もしないと、この六道に支配され、ぐるぐるとまわることを六道輪廻《りんね》といいます。このように、三悪道、四悪趣、六道輪廻の命に執着していたのでは「本当の幸せ」に、ほど遠いといわざるを得ません。

環境に支配されない「四聖」の命

前回までは地獄界から天界までの六道について述べてきました。この六道は結局、自身の外の条件に左右される命です。

欲望が満たされた時は天界の喜びを味わったり、環境が平穏である場合は人界の安らぎを味わえますが、ひとたびそれらの条件が失われた場合には、たちまち地獄界や餓鬼界の苦しみの境涯に転落してしまいます。

環境に左右されているという意味で、六道の境涯は、本当に自由で主体的な境涯とはいえないのです。

これに対して、その六道の境涯を超え、環境に支配されない主体的な幸福境涯を築いていこうとするのが仏道修行です。そして仏道修行によって得られる覚りの境涯が声聞、縁覚、菩薩、仏の四聖の境涯です。

(8) 部分的な悟りの境涯が「声聞界・縁覚界」

声聞界と縁覚界の二つは、仏教のなかでも小乗教の修行で得られる境涯とされ、この声聞界と縁覚界をまとめて「二乗」と呼びます。日常的には、もっと学問を究めたいといって、大学や大学院に行って学ぼうというような命です。

声聞界とは、仏の教えを聞いて部分的な覚りを獲得した境涯をいいます。これに対して、縁覚界は、さまざまなものごとを縁として、独力で仏法の部分的な覚りを得た境涯です。

二乗の部分的な覚りとは「無常」を覚ることです。無常とは万物が時間とともに変化・生滅することをいいます。自分と世界を客観視し、世間すなわち現実世界にあるものは、すべて縁によって生じ、時とともに変化・消滅するという真理を自覚し、無常のものに執着する心を乗り越えていくのが、二乗の境涯です。

私たちも日々の生活の中で、生老病死の命を見ても、自分自身を含めて万物が無常の存在であることを強く感ずることがあります。

ゆえに大聖人は「世間の無常は眼前に有り。あに、人界に二乗界無からんや」と言われ、人界に二乗界が具わっているとされたのです。

二乗の境涯を目指す人々は、無常のものに執着する煩悩こそ苦しみの原因であるとして、煩悩を滅しようとしました。しかし、そのために自分自身の心身のすべてを消滅させるという誤った道（灰身滅智《けしんめっち》＝自殺）に入ってしまいます。

二乗が得た覚りは、仏の覚りから見れば、あくまでも部分的なものであり、完全なものではありません。しかし、二乗はその低い覚りに安住し、仏の真実の覚りを求めようとしません。師匠である仏の境涯の偉大さは認めていても、自分たちはそこまで到達できるとは考えず、自らの低い覚りにとどまってしまうのです。

また、二乗は自らの覚りのみにとらわれ、他人を救おうとしないエゴイズムに陥っています。このように、「自分中心」の心があるところに二乗の限界があります。大学教授や一部の学者の中には、全く人の話など聞かないで「我偉し」という態度を取る人を時折、見受けられます。

(9)「利他」の実践者が菩薩界

菩薩とは、仏の覚りを得ようとして不断の努力をする衆生という意味です。二乗が仏を師匠としていても、自分たちは仏の境涯には至れないとしていたのに対し、菩薩は、師匠である仏の境涯に到達しようと目指していきます。

また、仏の教えを人々に伝え広めて人々を救済しようとします。すなわち、菩薩の境涯の特徴は、仏界という最高の境涯を求めていく「求道」とともに、自らが仏道修行の途上で得た利益を、他者に対しても分かち与えていく「利他」の実践があることです。

現実の世間のなかで、人々の苦しみと悲しみに同苦し、抜苦与楽（苦を抜き、楽を与える）の実践をして、自他共の幸福を願うのが菩薩の心です。

二乗が「自分中心」の心にとらわれて低い覚りに安住していたのに対して、菩薩界は「世のため」「人のため」「法のため」という使命感をもち、行動していく境涯です。

この菩薩界の境涯の根本は「慈悲」です。大聖人は、「観心本尊抄」で「無顧《むこ》の悪人もなお妻子を慈愛す。菩薩界の一分なり」と仰せです。他人を顧みることのない悪人ですら、自分の妻子を愛するように、生命には本来、他者を慈しむ心が具わっています。

この慈悲の心を万人に向け、生き方の根本にすえるのが菩薩界です。

たとえば医療の面で、病人を助けたいと頑張る医師を「薬王菩薩」といい、音楽の世界で、人々を癒す人を「妙音菩薩」といい、政治や経済や世の中の動きを察知するのを「観世音菩薩」といいます。つまり、お寺などにある菩薩の像は、「生命の働き」の姿を彫刻などに彫ってあらわしたもので、菩薩の像に功徳があるわけではありません。

医学博士という肩書がありながら、「金儲け」のために、必要のない手術をしたり、患者を薬漬けにするような医者は「薬王菩薩」の姿をしながら、本質は欲望に支配された「餓鬼界」に当たります。

(10) 生きていること自体が幸せという境涯が「仏界」

仏界は、仏が体現した尊極の境涯の事を云います。

仏（仏陀）とは覚者《かくしゃ》の意で、宇宙と生命を貫く根源の法である妙法に目覚めた人のことです。具体的にはインドで生まれた釈尊（釈迦仏）などです。また、さまざまな経典に阿弥陀仏などの種々の仏が説かれていますが、これは仏の境涯の素晴らしさを一面から譬喩《ひゆ》的に示した架空の仏です。

日蓮大聖人は、末法の一切衆生を救うために、一個の人間として御自身の生命に仏界という尊極な境涯を現し、無上の慈悲と智慧を体現し、その力で一切衆生に自分と等しい仏界の境涯を得させるために戦い続けた「末法の御本仏」です。

仏界とは、私たちの生命に本来、具わっています。ただ、それを悩み多き現実生活の中で現すことは、なかなか難しいので、大聖人は人々が仏界の生命を現していくための方途・ツールとして「御本尊」を顕されました。日蓮大聖人があらわされた御本尊に末法の御本仏・日蓮大聖人の仏界の生命が顕されているのです。その真髄が「南無妙法蓮華経」というのです。

私たちは御本尊を信じて自行化他にわたる唱題に励む時に、自身の生命の仏界を現すことができるのです。勤行・唱題とは、森羅万象の「大宇宙」と、自分という「小宇宙」の中に「大宇宙」の生命力をいきいきと汲み上げる作業といわれています。私たち人間も、大宇宙と同じく一個の生命体であり、「小さな宇宙」といわれています。

人間の体は大製薬工場で《小宇宙》

では、ここで大宇宙と小宇宙の関係を少し述べてみたいと思います。不思議なことに、頭が円いのは地球が円いのになぞらえ、両目は太陽と月、決して同じ大きさの人はいません。目を閉じたり、開くのは昼と夜を表し、髪は輝く星になぞらえます。息は風を意味し、体の節は、曲がるところは全部で３６０節あるといわれています。大きく曲がるところは12節で、12か月の一年を意味します。この地球上、どこの国に行っても12か月となっております。血管は川を意味し、堤防が切れて洪水となるのは、脳出血、詰まるのは脳梗塞、皮膚や肉は大地、体毛は森林です。地球が太陽の周りを３６５日と５時間48分で一周します。人体の細胞も60兆といわれ、それらが毎日整然と秩序正しく運行しているのが、健康な生命の状態です。生命は一個の「大製薬工場」で、必要な薬を自ら作って、健康を守る力があるのです。化学物質でできた薬や添加物をむやみに飲んだり食べたりすれば、バランスが崩れ、むしろ病気になるのです。

仏界の生命と信心との深い関係について大聖人は、「観心本尊抄」で「末代の凡夫、出生して法華経を信ずるは、人界に仏界を具足する故なり」と言われています。つまり法華経は万人が成仏できることを説く教えですが、その法華経を信ずることができるのは、人間としての自分の生命の中に本来、仏界が具わっているからです。悩み多き末法の凡夫でも、日々の勤行・唱題によって、例えば、美しい月を見て心が休まり、けなげに咲く花を見て、美しいと、心を動かされるように、縁によって、自分の命が顕現されます。大聖人が命がけで御図顕された本尊に唱題する往復作業によって、自分の心の中に内在している仏界を顕わしていくことができるのです。

こうした精進行を重ねることによって「生きていること自体が幸福である」とい

自分の生命の中に仏界が備わっていることを知る

「お金」さえあれば、幸せになると考え、「お金」と守銭奴の様になり、本当の「幸せ」について深く考えない傾向が強くなってきております。

「幸せ」は外ではなく自分の中にある

幸せになりたいと願うのは人情ですが、四国の八十八か所を回ったり、神社仏閣をお参りしたりしても、自分の中に仏、つまり、最高の幸せの境涯たる仏界があるのですから、その仏界を引き出す方法を間違えては、本当の幸せをつかむことはできないのです。

これまで見てきたように、幸せは「境涯」で決まるものです。常に「世の為」「人の為」と考えて、自分の中に巣くう安易なことに妥協していく易き心との格闘、自分の命と対峙していく精進行が要です。こうしたことから、死んでから「仏」になるのではなく、生きていること自体が「幸せ」という境涯が「仏の命」といえるのです。

この世の中・娑婆世界は「堪忍」の世の中、そして「四苦八苦」の世の中であるといわれておりますが、この現世の中で宿命転換をし、何があっても負けない人生を歩む宝が、自分の命の奥に秘められていることを大聖人は覚知され、末法の衆生の幸せを恋願い、この日本に出現したわけであります。自分の一念の変革から、自分の命に秘し沈められた無限の可能性を開き、充実した・悔いのない人生を全うできることはまちがいありません。「本物の仏法」を学び、多くの国で、多くの人々が実感しています。

人間は誰にも仏の生命があると「不軽の戦い」

「汝、すべからく一身の安堵《あんど》を思わば、まず四表《しひょう》の静謐《せいひつ》を祈らん者か」―これは鎌倉時代に活躍された日蓮大聖人が有名な「立正安国論」で述べられた言葉です。つまり、あなたは一身の安堵（自分の幸せ）を願うなら、まず、四表の静謐（周囲の平穏、世界の平和）を祈ることが必要ではないかと、仰せられたのです。今、世界を見渡せば、自分の国の幸せを願って、国境に壁を作るとか、核実験や大陸間弾道弾を成功させたとかで、国を挙げて大喜びをする指導者がいます。しかし、自分の国の民を幸せにしたいなら、敵を作るのではなく、全世界の幸せを実現するように働きかけなければならない――と仏法は教えています。

70年ぶりに核兵器禁止条約が採択、ノーベル平和賞に輝く

さて、近頃のビックニュースといえば、核兵器の開発や保有、使用などを法的に禁止する初めての国際条約が、ニューヨークの国連本部で開かれていた交渉会議で賛成

多数で採択されたことでしょう。この条約には100を超える国が参加し、アメリカやロシアなどの核兵器の保有国や核の傘に守られた日本などは参加しなかったので、世界の核軍縮にどのような影響を及ぼすのか注目されます。

核兵器禁止条約は、核兵器の開発や保有、使用などを禁止する初めての国際条約で、平成29年の3月からニューヨークの国連本部で、120を超える国が参加して制定に向けた交渉が行われてきました。

7月7日行われた採決では、

世界の平和は各国が手を結ぶ以外ない

NATO（北大西洋条約機構）の加盟国として唯一交渉に参加してきたオランダ一か国が反対したものの、122の国と地域の圧倒的多数の賛成で条約は採択されました。採決に先立ち、交渉会議の議長を務めるコスタリカのホワイト軍縮大使は「条約は核兵器を禁止する規範になる」と述べ、その意義を強調しました。

採択の瞬間、議場では各国の代表から大きな拍手と歓声が上がり、市民社会の代表として参加した広島の被爆者も立ち上がって拍手を送っていました。

条約は平成28年9月から署名が始まり、50か国が批准の手続きを終えたのち90日後に発効することになっていています。一方で、アメリカやロシアなどの核兵器の保有国や、核の傘に守られた日本などは「核兵器を一方的に禁止することは世界の安全保障の現実を踏まえていない」として、条約に参加しない見通しです。このため、核兵器を包括的に禁止する新しい条約が、今後の世界の核軍縮にどのような影響を及ぼしていくのか、注目されます。

この条約に反対したアメリカやロシアなど、9か国には1万5000発の核弾頭があるといわれ、そのうちの一発でも使われれば、広島・長崎の数十倍の威力があるため、その被害は想像することができず、「非人道・悪魔の兵器」といわれるゆえんです。もはや「使えない兵器」といわれる核兵器を、開発に血道を上げる国は、その莫大なお金で民を豊かにしたら如何でしょう。日本もまた、唯一の被爆国として「核なき世界」の旗振り役を果たしていただきたいものです。

また、条約の前文で被爆者にもたらされた受け入れがたい苦しみと被害に留意すると明記されたことについては、「今回の条約に被爆者が果たした役割は大きい。被爆者が長年、核兵器廃絶を訴えてきたことへの共感と、核兵器の被害がどのようなものなのか私たち人類は学ぶ必要があるという気持ちの表れであり、評価できる」と話しています。そして、2017年のノーベル平和賞に国際NGOのICAN＝核兵器廃絶国際キャンペーンが受賞し、核廃絶への動きが大きく進展を見たのでした。

イラク・モスルはＩＳから解放されたが

さて、国連で核兵器禁止条約が採択されるという、画期的な時期と相呼応するかのように、長年、過激派組織「イスラム国」（ＩＳ）が拠点としてきたイラク北部モスルの制圧が完了したとして、イラクのアバディ首相は7月10日、「解放されたモスルから勝利を宣言する」「今日の勝利は、ＩＳの闇と蛮行、テロに対する勝利だ」などと述べ、正式な勝利宣言をしました。これで、ガレキだらけの町が平穏を取り戻し、再建が始まれば、これに越したことはないと思います。しかし、欧州に１００万人を超える難民が流失。東アジアのフィリピンでもイスラム系ＩＳと政府軍の争いが始まり、世界にテロが拡散されるのではないかと危惧されます。武力による領域奪還・組織の壊滅はできても、その勢力が持った「思想」は消えないといわれます。

不軽菩薩の戦いとは

仏法では不軽《ふきょう》菩薩《ぼさつ》の戦いが有名です。

法華経常不軽菩薩品第20に説かれる常不軽菩薩のことで、釈尊の過去世における修行の姿の一つです。古い時代に仏道修行をし、自らを迫害する人々に対してさえ、必ず成仏できるという言葉、「我は深く汝等《なんじら》を敬《うやま》い、敢《あ》えて軽慢《きょうまん》せず。所以《ゆえん》は何《いか》ん、汝等は皆菩薩の道を行じて、当に作仏することを得べければなり」と唱えながら、出会ったすべての人を礼拝したが、増上慢《ぞうじょうまん》（われ賢いと考えている）人々から迫害された。この修行が成仏の因となったと説かれています。

不軽に浴びせられた「悪口罵詈《あっくめり》」「杖木瓦石《じょうもくがしゃく》」の集中攻撃。つまり、悪口を言ったり、棒や瓦や石を投げつけるなどの行為に対し、日蓮大聖人は、その背景に、権威や邪智の者の〝連合〟による陰湿な策謀があったことを示されています。

ところで、不軽菩薩が出現したのは「威音王仏の像法時代」とされています。それは、どんな時代だったでしょうか。法華経には「是の仏の滅後　法尽きなんと欲する時」――この威音王仏という仏が入滅して、正しい法が尽きてしまおうとする時――と説かれています。また「増上慢《ぞうじょうまん》の比丘《びく》、大勢力有り」――増上慢の僧が大勢力をもっていた――とあります。

現代的に言えば、正しき「哲理」が見失われてしまった時代。権威にうぬぼれ、おごりたかぶった勢力が、わがもの顔で「人間」を軽んじ、見くだしていた時代でもあったのです。

そのいわば「哲学不在」「宗教不在」「人間蔑視」の時代にあって、不軽菩薩はただ一人、いったわけです。

「正法」を声高らかに主張。そして「人間」を最大に尊重する行動を勇敢に繰り広げて

平和につながる「人間尊重の行動」

過去の不軽菩薩は「一切の衆生には、みな仏性がある。法華経を持つならば必ず成仏する。その一切衆生を軽蔑《けいべつ》することは、仏を軽蔑することになる」と言って、一切衆生に向かって礼拝の行を立てられたのです。

〝人間を軽んずることは、仏を軽んずることである〟―不軽菩薩の人間尊重の行動は、法華経の深遠な生命観に裏づけられています。

誰人たりとも、妙法を受持すれば、必ず仏になる。

ゆえに、不軽菩薩は反発されても、少しも懲りない。

いやまして生命力を発揮して、法を説き弘める。その一貫した戦いに、不軽をバカにしていた衆生たちも、最後には信伏随従《しんぷくずいじゅん》し、法華経の正義の陣列に加わったといわれます。

現代で言えば、彼の中国でノーベル平和賞を受賞した民主活動家・劉暁波さんが、先ごろ亡くなりました。劉さんは基本的人権のために、非暴力の戦いをつづけ、「私には敵はいない」と述べて獄中で戦ったことこそ、「不軽」の戦いを想起させるものでした。大勢の人を巻き込むテロをなくし「非暴力社会」「非殺人社会」への道は法華経に説かれる「常不軽菩薩」の行動以外ないとのことです。

また、日蓮大聖人は、「教主釈尊の出世の本懐は、人の振る舞いにて候いけるぞ」と仰せになり、いかなる国の人でも、生命の中に仏の生命があるととらえて、その生命を尊重し、万人を敬っていく行動、すなわち《対話》以外、平和は訪れないとのご断言です。いま、大聖人の仏法が世界から注目されている理由もここにあるのではないでしょうか。

人類の救済に挑んだ日蓮の生涯

日蓮大聖人の御生涯――それは、釈尊の法華経こそ、一切経の最高の教えであると信じ、その経を中心に全人類の不幸を根絶し、平和な世界にするためにはどうすべきか、そして、すべての人々に仏の境涯（絶対的幸福境涯）を開かせたいとの誓願と慈悲に貫かれた妙法弘通の御一生でした。そして、民衆の幸福を阻む一切の悪を責め抜き、大難に次ぐ大難の御生涯でもありました。

漁師の家に生まれ16歳で出家する

日蓮大聖人は、貞応元年（１２２２年）２月16日、安房国長狭郡東条郷の片海（現在の千葉県鴨川市）という漁村で誕生されたと伝えられています。漁業で生計を立てる庶民の出身でした。12歳から安房国の清澄寺で、教育を受けられました。

そのころ大聖人は「日本第一の智者となし給え」との願いを立てられました。父母、そして民衆を救うために、生死の根本的な苦しみを乗り越える仏法の智慧を得ようとされたのです。そして、大聖人は、仏法を究めるために、16歳の時、清澄寺の道善房を師匠として出家されました。

このころ、「明星のごとくなる智慧の宝珠」を得られたと述べられています。これは、仏法の根底というべき「妙法」についての智慧と拝されます。

大聖人は、当時は今のような大学が無かった時代ですから、鎌倉・京都・奈良など各地を遊学し、比叡山延暦寺をはじめ諸大寺を巡って、諸経典を学ぶとともに、各宗派の教義の本質を把握されていきました。その結論として、釈迦の説いた法華経こそが仏教のすべての経典のな

日本全国に遊学し諸経典を学ぶ日蓮

かで最も勝れた経典であり、御自身が覚った南無妙法蓮華経こそが法華経の肝要であり、万人の苦悩を根本から解決する法であることを確認されました。そして南無妙法蓮華経を、末法の人々を救う法として広める使命を自覚されたのです。そして大聖人は「南無妙法蓮華経の七字を日本国に弘むる間、恐れなし、終には一閻浮提（全世界）に広宣流布する事一定成るべし」と仰せになり、700年前に妙法が世界に広まることを確信され、大聖人の予言の通り、今では世界192か国・地域にまで広がっています。

＊「末法」とは、釈尊の仏法が救済の力を失う時代のことで、当時の一般の説では、釈尊が入滅してから2000年以後とされていました。この説に基づいて「末法に入る」と考えられていた年は、永承7年で西暦に換算すると1052年にあたります。

南無妙法蓮華経と唱え立宗を宣言する

遊学によって妙法弘通の使命とその方途を確認された大聖人は、大難が起こることを覚悟のうえで、妙法弘通の実践に踏み出されました。

建長5年（1253年）4月28日の「午の時（正午ごろ）」、清澄寺で、師匠であった道善坊の信じていた念仏などを破折するとともに、南無妙法蓮華経の題目を高らかに唱えて末法の民衆を救済する唯一の正法を宣言されました。これが「立宗《りっしゅう》宣言」です。

立宗とは宗旨（肝要の教義）を立てることです。32歳の時でした。このころ、みずから「日蓮」と名乗られました。

この立宗宣言の際に念仏宗の教義を厳しく批判した大聖人に対し、地頭（警察権や税の徴収権などを行使した幕府の役人）の東条景信は、念仏の強信者であったために激しく憤りました。そのため、大聖人を亡き者にしようとしましたが、大聖人はかろうじて、その難を免れました。

その後、大聖人は、当時の政治の中心であった鎌倉に出られました。名越あたり（松葉ケ谷）に草庵を構えて、本格的に弘教を開始されました。当時、鎌倉の人々に悪影響を与えていた念仏宗や禅宗の誤りを破折しながら、南無妙法蓮華経の題目を唱え、広められました。この弘教の初期に、有名な弟子として富木常忍・四条金吾（頼基）・池上宗仲らが入信しました。

災害は間違った宗教を信ずるからと「立正安国論」を提出

大聖人が鎌倉での弘教を開始された当時、毎年のように、異常気象や大地震などの天変地異が相次ぎ、大飢饉・火災・疫病（伝染病）などが続発していました。現在の日本列島が集中豪雨や大型地震の頻発のようです。

特に、正嘉元年（1257年）8月に鎌倉地方を襲った大地震は、鎌倉中の主な建物をことごとく倒壊させる大被害をもたらしました。

大聖人は、この地震を機に、人々の不幸の根本原因を明らかにし、それを根絶する道を世に示すため、「立正安国論」を著され、文応元年（1260年）7月16日、時の実質的な最高権力者であった北条時頼に提出しました。これが大聖人による最初の国主諫暁《こくしゅかんぎょう》です（第1回の国主諫暁）。国主諫暁とは、国の主権者に対して、その誤りをただし、正義を明らかにして、諫めることです。現在は民主主義の時代ですから、権力者でなく、民衆一人一人に対話によって理解していく以外ないのです。

「立正安国論」では、天変地異が続いている原因は、国中の人々が正法に背いて邪法を信じるという謗法（正法を謗《そし》ること）にあり、最大の元凶は法然が説き始めた念仏の教えにあると指摘されています。念仏宗のいけないところは、この世は穢土《えど》であるから、苦しむのは当たり前で、死んだら西方十万億土に極楽浄土があり、阿弥陀が迎えに来るから「あきらめなさい」という、あきらめの教えであるところから、「念仏無間地獄」と破折されたのです。つまり、無間地獄とは、地獄と地獄の間がない、一つの悩みが解決したと思うと、また、間隔を置かず次から次へと悩みが続く苦しい状態を言います。

そして、人々が悪法への帰依を止めて正法を信受するなら、平和な楽土が現出するが、悪法への帰依を続けるなら、経文に説かれている三災七難などの種々の災難のうち、まだ起こっていない自界叛逆難《じかいほんぎゃくなん》（内乱）と他国侵逼難《たこくしんぴつなん》（他国からの侵略）の二つの災難も起こるであろうと警告し、速やかに正法に帰依するよう諫められました。

＊三災七難とは、穀貴《こっき》（飢饉《ききん》による穀物の高騰）・兵革《ひょうかく》（戦乱のこと）・疫病《えきびょう》（伝染病がはやること）の3種の災いと、星宿変怪難《せいしゅくへんげんのなん》（星の運行や輝きが乱れること）非時風雨難《ひじふううのなん》（季節外れの風雨の災害が起こること）などの7種の災難をいう。

しかし、幕府要人は大聖人の至誠の諫暁《かんぎょう》を無視し、念仏者たちは幕府要人の内々の承認のもと、大聖人への迫害を図ってきたのです。

「立正安国論」の提出後まもない、ある夜、念仏者たちが、大聖人を亡き者にしようと、草庵を襲いました（松葉ケ谷の法難）。

幸い、この時、大聖人は難を逃れ、一時、鎌倉を離れることになりました。翌・弘長元年（1261年）5月12日、幕府は鎌倉に戻られた大聖人を捕らえ、伊豆の伊東への流罪に処しました（伊豆流罪）。

弘長3年（1263年）2月、伊豆流罪を赦免（罪を許されること）されて鎌倉に帰られた大聖人は、翌年、病気の母を見舞いに郷里の安房方面に赴かれます。

文永元年（1264年）1月11日、大聖人の一行は、天津の門下の工藤邸へ向かう途中、東条の松原で地頭・東条景信の軍勢に襲撃されました。この時、大聖人は額に傷を負い、左の手を骨折。門下の中には死者も出ました（小松原の法難）。

竜の口の法難と発迹顕本

文永5年（1268年）、蒙古（「蒙古」は歴史的な呼称であり、当時のモンゴル帝国を指す）からの国書が鎌倉に到着しました。そこには、蒙古の求めに応じなければ、兵力を用いるとの意が示されていました。「立正安国論」で予言した他国侵逼難が、現実のものとなって迫ってきたのです。

そこで大聖人は、時の執権・北条時宗をはじめとする幕府要人や鎌倉の諸大寺の僧ら、あわせて11カ所に書状（十一通御書）を送り、予言の的中を明示するとともに、諸宗の僧らに公の場での法論を迫りました。

しかし、幕府も諸宗も、大聖人のはたらきかけを黙殺しました。それどころか、幕府は大聖人の教団を危険視し、その弾圧に向かっていったのです。

このころ、蒙古の調伏（敵などを打ち破り服従させること）の祈禱《きとう》を行う真言僧が影響力を増してきました。また、真言律宗の極楽寺の良観が、幕府と結び付いて大きな力を強めていました。

大聖人は、民衆と社会に悪影響を与えるこれら諸宗に対しても、一歩も退かず破折を開始します。文永8年（1271年）夏に大旱魃《かんばつ》（長期間の日照り）が起こった時、良観が、祈雨（雨乞い）をすることになりました。そのことを聞かれた大聖人は、良観に申し入れをされました。

それは、もし良観が７日のうちに雨を降らせたなら、大聖人が良観の弟子となり、もし雨が降らなければ、良観が法華経に帰伏（帰順し従うこと）せよ、というものでした。

その結果は、良観の祈雨が行われた最初の７日間は、雨は一滴も降らず、良観は祈祷の７日延長を申し入れて祈りましたが、それでも雨は降らないばかりか、暴風が吹くというありさまで、良観の大敗北となりました。

しかし、良観は自らの敗北を素直に認めず、大聖人に対する怨みをさらに募らせ、配下の念仏僧の名で大聖人を訴えたり、幕府要人やその夫人たちにはたらきかけて、権力による弾圧を企てました。

良観は、当時の人々から、徳のある高僧として崇められていました。しかし、実際には権力と結託して、権勢におごっていたのです。

同年９月10日、大聖人は幕府から呼び出されて、侍所の所司（侍所は軍事・警察を担当する役所。所司は次官のこと。長官は執権が兼務）である平左衛門尉頼綱（平頼綱）

の尋問を受けました。

この時、大聖人は平左衛門尉に対して仏法の法理のうえから、国を治めていく一国の指導者のあるべき姿を説いて諫められました。

2日後の文永8年（1271年）9月12日、平左衛門尉が武装した兵士を率いて草庵を襲い、大聖人は謀叛人《むほんにん》（時の為政者に叛逆する人）のような扱いを受けて捕らえられました。この時、大聖人は、平左衛門尉に向かって「〝日本の柱〟である日蓮を迫害するなら、必ず自界叛逆・他国侵逼の二難が起こる」と述べて、強く諫暁《かんぎょう》されました（第2回の国主諫暁）。

大聖人は、夜半に突然、護送され、鎌倉のはずれにある竜の口に連行されました。平左衛門尉らが、内々で大聖人を斬首することを謀っていたのです。しかし、まさに刑が執行されようとしたその時、突然、江ノ島の方から〝まり〟のような大きな光りものが夜空を北西の方向へと走りました。兵士たちはこれに恐れおののいて、刑の執行は不可能となりました（竜の口の法難）。

この法難は、大聖人御自身にとって極めて重要な意義をもつ出来事でした。すなわち、大聖人は竜の口の法難を勝ち越えた時に、宿業や苦悩を抱えた凡夫という迹《しゃく》（仮の姿）を開いて、凡夫の身に、生命にそなわる本源的な、慈悲と智慧にあふれる仏（久遠元《くおんがん》初《じょ》の自受用報身如来《じじゅゆうほうしんにょらい》）という本来の境地（本地）を顕されたのです。

これを「発迹顕本《ほっしゃくけんぽん》（迹をひらいて本を顕す）」といいます。

この発迹顕本以後、大聖人は末法の御本仏としての御振る舞いを示されていきます。

そして、万人が根本として尊敬し、帰依していくべき御本尊を図顕されています。

幸福と平和のための御本尊を顕わす

竜の口の法難後のしばらくの間、幕府は大聖人への処遇を決められず、約１カ月間、大聖人は相模国の依智（現在の神奈川県厚木市北部））にある本間六郎左衛門重連（佐渡国の守護代）の館に留め置かれました。その間、放火や殺人の罪が門下に着せられるなど、さまざまな弾圧が画策されました。

佐渡に流罪されて諸宗を論破

結局、佐渡流罪と決まり、大聖人は、文永８年（１２７１年）10月10日に依智を出発し、11月１日に佐渡の塚原の墓地にある荒れ果てた三昧堂（葬送用の堂）に入りました。大聖人は、厳寒の気候に加えて、衣類や食料も乏しい中、佐渡の念仏者などから命を狙われるという厳しい状況に置かれたのです。

弾圧は、鎌倉の門下にも及び、土牢に入れられたり、追放、所領没収などの処分を受けたりします。そして、多数の門下が、臆病と保身から、大聖人の仏法に疑いを起こして退転してしまいました。

翌・文永９年（１２７２年）１月16日、17日には、佐渡だけでなく北陸・信越などから諸宗の僧ら数百人が集まり、大聖人を亡きものにしようとしました。本間重連に制止され、法論で対決することになりました。その結果、大聖人は各宗の邪義をことごとく論破されました（塚原問答）。

２月には北条一門の内乱が起こり、鎌倉と京都で戦闘が行われました（二月騒動、北条時輔の乱）。大聖人が竜の口の法難の際に予言された自界叛逆難《じかいほんぎゃくなん》が、わずか１５０日後に現実となったのです。

同年初夏、大聖人の配所は、塚原から一谷に移されましたが、念仏者などに命を狙われるという危険な状況に変わりはありませんでした。

この佐渡流罪の間、日興上人は、大聖人に常随給仕して苦難をともにされました。また、佐渡の地でも、阿仏房・千日尼夫妻をはじめ、大聖人に帰依する人々が現れました。

大聖人は、この佐渡の地で多くの重要な御書を著されていますが、とりわけ重要な著作が「開目抄《かいもくしょう》」と「観心本尊抄《かんじんのほんぞんしょう》」です。

文永9年2月に著された「開目抄」は、日蓮大聖人こそが法華経に予言された通りに実践された末法の「法華経の行者」であり、末法の衆生を救う主師親(主人・師匠・親)の三徳を具えられた末法の御本仏であることを明かされています(人本尊開顕の書)。

この開目抄で日蓮大聖人は「我日本の柱とならむ、我日本の眼目とならむ、我日本の大船とならむ」つまり〝倒壊した国の精神の柱になろう〟〝混迷した思想の正邪を見分ける眼目になろう〟〝漂流した民衆を救う大船になろう〟との誓いは、未来永遠に破られることはないと断言されています。しかも、「日本国の位を譲ろう」との誘惑や、「父母の首をはねる」との脅迫などにも、屈することはなく、どんな大難も風の前の塵であると笑い飛ばしています。こんな日本人がこれまでいたでありましょうか。

生きて帰れないような流罪の地で、全人類の幸福を開く宣言をされた大聖人。その民衆救済の「誓願」こそ、法華経の行者の魂であり、日蓮仏法の根幹であります。人生の悩みや嘆きを突き抜け、自分と他人の幸福を勝ち開く究極の力といえるでしょう。

また文永10年(1273年)4月に著された「観心本尊抄」は、末法の衆生が成仏のために受持すべき南無妙法蓮華経の本尊について説き明かされています（法本尊開顕の書）。

文永11年（1274年）2月、大聖人は赦免《しゃめん》され、3月に佐渡を発って鎌倉へ帰られました。

4月に平左衛門尉と対面した大聖人は、蒙古調伏の祈禱を真言などの邪法によって行っている幕府を強く諫めるとともに、平左衛門尉の質問に答えて、蒙古の襲来は必ず年内に起こると予言されました（第3回の国主諫暁）。

この予言の通り、同年10月に蒙古の大軍が九州地方を襲ったのです（文永の役）。これで、「立正安国論」で示された自界叛逆難・他国侵逼難の二難の予言が、二つとも的中したことになりました。

このように、幕府を直接に諫暁して、国難を予言した御事跡は、これで三度目になります（一度目は「立正安国論」提出の時、二度目は竜の口の法難の時）。この予言が適中したことから、日蓮大聖人は「余に三度のこうみょうあり」と述べられています（三度の高名）。

＊高名とは、特に優れた「名誉」「名声」のこと。

三度国を諫めても用いないので身延山へ

三度目の諫暁も幕府が用いなかったため、日蓮大聖人は鎌倉を離れることを決意し、甲斐国（山梨県）波木井郷の身延山に入られました。身延の地は、日興上人の教化によって大聖人の門下となった波木井六郎実長が地頭として治めていました。

大聖人は、文永11年（1274年）5月に身延に入られました。しかし、大聖人の身延入山は、決して隠棲（俗世間から離れて静かに住むこと）などではありませんでした。

身延において大聖人は「撰時抄」「報恩抄」をはじめ、数多くの御書を執筆されて、大聖人の仏法の重要な法門を説き示されました。特に、三大秘法（本門の本尊、本門の戒壇、本門の題目）を明らかにされました。

さらに、法華経の講義などを通して、未来の広布を担う人材の育成に全力を注がれました。また、各地の男性・女性の在家信徒に対し、数多くの御消息（お手紙）を書き送って励まされています。一人ひとりが強盛な信心を貫き、人生の勝利と成仏の境涯が得られるよう、懇切に指導・激励を続けられました。

熱原の法難と出世の本懐

日蓮大聖人の身延入山後に、駿河国（静岡県中央部）の富士方面では、日興上人が中心となって折伏・弘教が進められ、天台宗などの僧侶や信徒が、それまでの信仰を捨てて、大聖人に帰依するようになりました。

そのために、地域の天台宗寺院による迫害が始まり、大聖人に帰依した人々を脅迫する事件が次々に起こりました。

弘安２年（１２７９年）９月21日には、熱原の農民信徒20人が、無実の罪を着せられて逮捕され、鎌倉に連行されました。

農民信徒は平左衛門尉の私邸で拷問に等しい取り調べを受け、法華経の信心を捨てるよう脅されましたが、全員がそれに屈せず、信仰を貫き通しました。そして、神四郎・弥五郎・弥六郎の３人の兄弟が処刑され、残る17人は居住する地域から追放されました。この弾圧を中心とする一連の法難を「熱原の法難」といいます。

農民信徒たちの不惜身命（仏道修行のためには身命を惜しまないこと）の姿に、大聖人は、民衆が大難に耐える強き信心を確立したことを感じられて、10月1日に著された「聖人御難事」で、立宗以来「二十七年」目にして、大聖人自身の「出世の本懐」を示されました。「出世の本懐」とは、仏がこの世に出現した目的という意味です。

日蓮大聖人は、若き日に、仏法の肝要を知る智者となって、すべての人を苦悩から根本的に救うという誓願を立てられています。この誓願の成就が御生涯をかけて目指された根本目的であると拝されます。大聖人は、万人成仏の根本法である「南無妙法蓮華経」を説き、本門の本尊と本門の戒壇と本門の題目という三大秘法を明かし、未来永遠にわたる広宣流布の基盤を確立されました。

この熱原の法難において、三大秘法の南無妙法蓮華経を受持して、不惜身命の実践で広宣流布する民衆が出現したことにより、世界の人々を救うための日蓮大聖人の民衆仏法が現実のものとなりました。そして、広宣流布（世界の平和と民衆の幸福）は「大地を的とするなるべし」と宣言し、700年たった現在その宣言が、現実のものとなりつつあります。

このことにより、生涯をかけた根本目的、「出世の本懐」を達成されたのです。

そして、大聖人は弘安2年（1279年）10月12日、その意義を留めた御本尊を建立されました（いわゆる、弘安2年の御本尊）。

権力の弾圧にも負けない庶民を見て、
大聖人は御本尊を顕わす

また、この熱原の法難において、大聖人門下は異体同心の信心で戦いました。特に、近隣の地頭であった青年・南条時光は同志を守るなど大活躍をしました。

御入滅と日興上人の継承

弘安5年（1282年）9月8日、大聖人は、弟子たちの勧めで常陸国（茨城県北部と福島県南東部）へ湯治に行くとして、9年住まわれた身延山を発たれました。その後、武蔵国池上（東京都大田区）にある池上宗仲の屋敷に滞在されると、後事について種々定められました。

9月25日には、病を押して、門下に対し「立正安国論」を講義されたと伝えられています。そして、弘安5年（1282年）10月13日、日蓮大聖人は、池上宗仲邸で、「法華経の行者」として生き抜かれた61歳の尊い生涯を終えられたのです。

大聖人御入滅後、日興上人はただ一人、大聖人の不惜身命の広宣流布の精神と行動を受け継がれました。また広宣流布の継承者の自覚から、謗法厳誡《ほうぼうげんかい》の精神を貫き、国主諫暁を推進するとともに、大聖人が著されたすべての著述を「御書」として大切にされ、末法の聖典と拝して研鑽を奨励し、行学の二道に励む多くの優れた弟子を輩出しました。しかし、大聖人がお亡くなりになると、迫害が厳しさを増し、弟子の中から、「自分は大聖人の弟子ではない」などと言い出し、とりわけ、地頭の波木井実長が、供養もしなくなったので、第２祖・日興上人は、身延山から、大聖人のご本尊や宝物・遺骨などを引き上げて、富士の大石寺に移られました。これが身延離山です。その後、大石寺は大聖人の教えにそむき、法主信仰、僧俗差別などの邪義を振りかざし、広宣流布を進める創価学会を破門にするなど謗法の教団となったため、むしろ学会は世界に大きく羽ばたくことになったのです。

お金よりも心の財が第一

日蓮大聖人は佐渡に流されても、また、身延山に入山されてからも、当時の信者に対し、微に入り細にわたる指導を送られています。これらの指導は膨大な量にわたりますが、いずれも700年を得た現代に見事に当てはまりますので、そのいくつかをご紹介します。

「120まで生きて名を汚して死ぬよりは、生きて1日でも名を上げる事こそ大切です。〈中務三郎左衛門尉は、主君に使えることにおいても、仏法に尽くすことにおいても、世間における心がけにおいても、大変に素晴らしい〉と鎌倉の人々の口にうたわれていきなさい。

『蔵の財《たから》』より『身の財』すぐれたり。『身の財』よりも『心の財』が第一である」

「蔵の財より心の財を積みなさい」と

これは日蓮大聖人が鎌倉の中心人物である四条金吾に与えられたお手紙の一節です。

蔵の中に蓄えている金銀財宝よりも、身につけた宝もの、つまり、自分の内面の世界に刻み付けた学問や知識、また、技術や技能などの方が上というのです。

なぜなら、お金や宝石などは、それを持っているという満足感はあるかもしれませんが、使えば減って、いつか無くなります。また、守るのに汲々として、かえって金持ちほど自己保身の傾向が強くなりがちといわれています。

また、お金持ちが亡くなるとお金をめぐって争いが必ず、起こりがちです。ですから西郷隆盛は「孫子のために美田を買わず」という言葉を残しています。子

お金やモノの幸せには限界が……

どものことを真実に愛するなら、手入れをしなくても収穫が沢山あるような、よい田んぼを買わないという意味です。そんな田んぼを与えたら子どもは働かなくなってしまい、苦労することを嫌うようになるに決まっている、だから、あえて美田を買い残さないと言っているのです。

また、時代の変化によって、貨幣は価値が下落したり、宝石は盗難にあったり、災害で流されたりします。これらの財産は人徳を増すことにはなりません。

ですから、それより身の財だというのです。

災害に被災した地域にボランティアで大勢の人が訪れることがあります。そんな所で、被災者に喜んでもらうには何か、一芸をもっている、特技があるということです。そういう方は確かにお役に立つことができます。

そして、最後に「身の財より心の財第一なり」です。

どんなに技芸にすぐれ、才能がある人より、心が美しくしっかりしていることが第一だと仰せです。どれほど、智慧があり知識を持ち、何でもできるような方でも、あるとき、突然、悩み、学校に行くことも働くこともできなくなることがあります。

あるいは、高い能力や実力はあっても、心が貧しいと誰からも慕われることなく、また、敬愛されることもなく相談相手もいないなどという方も見受けられます。反対に、多くの財産があるわけではなく、特別な能力も学識も技術もなく平凡に暮らしている方が沢山います。しかし、その人たちは不幸せでしょうか。そんなことはありません。ブータンという国は、経済的には非常に苦しく、大変です。しかし、国民が幸せを感じる指数は高く、満足している方が多いとのことです。

逆に、日本には有財餓鬼《ゆうざいがき》と言い、お金も土地もあり、蔵には宝ものが沢山あり、学歴も技術も知識もありながら、飢えた餓鬼のような人が多く見られます。

日本を代表する企業が金儲けのために

このところ、世界企業といわれる大企業が次々と、不祥事を起こし、世界的信用も失墜しています。その一つが神戸製鋼というアルミや銅製品を生産する世界企業が、強度や寸法などの検査データを組織ぐるみで改ざんしていた事件。神戸製鋼の製品は自動車のドア、H2Aロケットや国産ジェットMRJの部品、さらに自衛隊の防衛部品など、幅広く使われているといいます。

そこで、米の自動車メーカーや航空機大手も影響の調査を始めたので、産業界のみならず、日本の信用に与える影響は計り知れないといわれています。

また、日産自動車は10月2日、新車の無資格検査問題で、販売済みの約121万台に対するリコール（無料の回収・修理）を国土交通省に届け出ると発表しました。横浜市の本社で記者会見した西川広人社長は、無資格検査は「1回のミスではなく、1グループの行為でもない」と述べ「あるところは常態化」していたと説明し、社長は「心からおわびする。あってはならないことだ」と謝罪しました。企業にとっては売り上げや利益が優先するものかもしれませんが、大聖人の教えからすれば、「蔵の財」に当たり、内部留保は増え続け、経済界で400兆円を超えているといわれます。そんなにため込むより、社員の給料やボーナスを増やして社会全体が潤うようなことができないものかと思います。それぞれの社長さんも、事件の責任を取って辞任に追い込まれれば、「120まで生きて名を汚して死ぬよりは、生きて1日でも名を上げる事こそ大切なり」という金言をかみしめたいものです。

企業がこのような状況であれば、一般庶民も拝金主義に陥っているようです。小生の通う駅近くにパチンコ店があります。ある日突然、大勢の若者が列をなして並んでいます。聞けば、パチンコ店が開店するのを待つ列だといいます。ウィークデーでもあるのに、若者がどんな情報で集まるかは知る由もありませんが、異常な光景といわざるを得ません。日本の未来に憂いを感じるのは私一人ではないでしょう。

日蓮大聖人はまた、「心こそ大切」と言われています。

反対にお金こそ第一、技術や特技、心を磨くことは二の次と思っている人がたくさんいます。その結果、犯罪に手を染め、晩節を汚し、みじめな人生の終末を送る人がなんと多い事か。それは本末転倒、考え方がひっくり返っていることに気がつかなければなりません。大切なことは何によって「心」を磨くかであります。

「雪山の寒苦鳥」は現代人への警告

次に、大聖人が仏法の古事「雪山《せっせん》の寒苦鳥《かんくちょう》」を引かれて、人間の愚かさを指摘されています。

「雪山の寒苦鳥は寒苦に責められて夜明けなば栖《す》つくらんと鳴くといへども日出《ひ》でぬれば朝日の暖かなるに眠り忘れて又栖つくらずして一生虚《むな》しく鳴くことをう一切衆生も亦復《またまた》是《かく》の如し」

昔、インドの雪深い山（ヒマラヤ）に、寒苦鳥という鳥のつがいが住んでいました。昼は太陽の光が当たるので、山でも暖かくなります。鳥たちは陽気に浮かれて、のんきに遊んでしまいます。ところが、夜になると昼とは打って変わって、厳しい寒さが鳥たちを襲います。昼間、楽しく遊びほうけてしまったことを激しく悔います。メスは「寒くて死んでしまうわ」と一晩中、泣き叫びます。オスは「夜が明けたら、巣を作ろう」と固く決意し、妻を懸命になだめるのでした。そのような苦しい思いをしながらも、夜が明けて暖かくなると、すっかり忘れてしまい、また昼間一日、遊びほうけてしまうのです。鳥たちは、夜は寒さに苦しみ、昼は遊びほうけることを繰り返していきました。そして、ついに、巣を作ることなく、むなしく一生を終えました。（この鳥たちは、雪の山に住み、寒さに苦しむということで「雪山の寒苦鳥」と呼ばれています）。

日蓮大聖人は、人間もまたこの寒苦鳥と変わらないと述べられています。すなわち、死んで地獄に堕ち、火に焼かれて苦しむ時は、今度、人間に生れたら、仏道修行に励んで成仏しようと決意するけれども、たまたま人間に生まれた時には名聞名利を追い求めて仏道修行を忘れてしまう、と。私たちの実践に約していえば、決意し、発心しても、つい二、三日で忘れてしまい、仏道修行を怠る。決意して、それをどれだけ持続できるかが大切です。何のための我が人生なのか、限られた時間の中で、どう生き抜いていくのが肝心かです。その〝持続〟と〝日々発心〟の実践の中に、崇高な目的も達成されることを銘記したいものです。

人々を仏と同じ境涯に高めたいと日蓮

現在の大田区池上に兄の池上宗仲《むねなか》、弟の宗長《むねなが》の兄弟が住んでおりました。二人は、四条金吾とほぼ同時期に日蓮大聖人の弟子となりましたが、父の康光《やすみつ》が極楽寺良観（真言律宗の僧）の熱心な信者であったため、父は兄弟の信心に反対し、兄の宗仲を二度に渡り勘当しました。

信心ゆえに父から勘当された兄・池上宗仲

武家社会における勘当は、家督相続権を失うことであり、経済的な基盤も、社会的な身分も奪われるという、大変厳しい圧迫でした。同時に、兄だけを勘当することは、弟・宗長にとって、信仰を捨てれば家督相続権が譲られることを意味しており、宗長の心を揺さぶる陰険な狙いは明白でした。この間、同事件に対して、大聖人が池上兄弟に送られたのが、「兄弟抄」というお手紙です。

大聖人は、兄弟抄を通して、兄弟が直面する難は、法華経信仰の故の必然であり、法華経に説かれている通りに、魔性と闘うことが成仏への大道となると教えられています。そのため、冒頭では、兄弟が信じている法華経がいかに優れた教えであるかを強調されています。

「それ法華経と申すは八万法蔵の肝心十二部経の骨髄なり、三世の諸仏はこの経を師として正覚を成じ、十法の仏陀は一乗を眼目として衆生を引導し給ふ」

つまり法華経という経典は「八万法蔵」ともいうべき膨大な仏典の「肝心」であり、あらゆる教えの「骨髄」であると。

大聖人が与えた兄弟抄は、一度目の勘当の時の御手紙です。兄弟、並びに兄弟の妻が団結し、退転することなく信心を全うするよう指導されています。

大聖人は、天台の説いた摩訶止観《まかしかん》の「此の法門を申すには 必ず魔 出来すべし、魔競はずは 正法と 知るべからず」、さらに六波羅蜜経《ろくはらみっきょう》の「心の師とは なるとも 心を師とせざれ」を引用され、仏道を成就するよう激励されています。

兄弟夫婦は一致団結して父を諫め、最終的に父・康光を大聖人に帰依させました。

帰依の1年後、康光は題目を唱えながら安らかにこの世を去りました。

兄弟抄は御書11ページという長編の御書です。

師弟不二の真剣勝負で戦う

なぜ、ここまで長い御書を大聖人は綴られたのでしょうか。

兄弟抄を読むと、池上兄弟が「退転しない」よう、「団結を損なわないよう」、渾身《こんしん》の思いで御書をしたためられていることが分かります。とても丁寧で細かい指導なのです。

大聖人は、本抄の中に「一歩も引くな」（趣意）の厳しい指導をされています。まさに命がけ、師弟不二の真剣勝負の闘争でした。

さらに、大聖人は、法華経を経の如く説く人に巡り合うことがいかに稀《まれ》なことか、一眼のカメが大海原で浮き木に合うより、また蓮の糸が須弥山を釣り上げることが可能だったとしても、仏法の正しき指導者に会うことは、至難のことだと教えています。

そして「あなた方兄弟は、懸命に法華経を信じてきたので過去世の重罪を攻めいだしているのだ。たとえば、鉄を鍛え打てば、内部の傷が表面に現れるのと同様である。

石は焼けば灰となる。金《こがね》は焼けば真金となる」つまり、人間は悩みや苦しみという業火に焼かれたとき、人間の真価が発揮されるといいます。「弱き信念」であれば、灰となって崩れ散ってしまう。「強き信念」であれば、真金《しんきん》となって、ますます輝きを放つ、自らの生命を鍛え抜き、強く磨きあげることが仏法の大目的と言われています。

更に大聖人は池上兄弟に対して「必ず三障四魔と申す障《さわり》いで来たれば賢者はよろこび愚者は退くこれなり」と仰せになり、「賢者はよろこび」の信心に立てば、三障四魔の激しき風は、わが生命を覆う宿命の「雲」を吹き払い、大歓喜の虹がかかることは絶

悩みの本質を見極めて、それを取り除く努力が必要

対に間違いないとのご断言です。こうして池上兄弟は、大聖人の激励を受けて、見事に信心で苦境を脱し、大反対であった父・康光も入信し、一家和楽の信心を勝ち取ったと言われます。

悩みを他人のせいにする現代人

ところで、現代に目を転ずると、人は、何か悩み事があれば、すぐ社会や人のせいにして、根本の原因を見据えることなく、悩みを長引かせています。うつ病で三〇年も病院通いをしているというお手紙をもらいました。その方が、そうなった原因を真しに見つめて解決しようとしたかと言えば、そうではなさそうです。

たとえば、借金で悩んだ人が、精神科に行って薬を飲めば、借金は無くなるのでしょうか。

失恋で、夜も眠れない人が、精神科に行って薬を飲めば、恋は成就するのでしょうか。友達からいじめに遭っている人が、精神科へ行って薬を飲めば、いじめはなくなるのでしょうか。答えは、いずれも、ＮＯに決まっています。

先ごろ10代から20代の若者を殺害し、社会を震撼させた事件がありました。どうしてこんな事件が起きるかについては専門家の意見を聞かなくてはなりませんが、右記のような人が、精神科から出される薬には覚醒剤と同じ成分が含まれていて、通常の神経では考えられない行動、つまり電車に飛び込むとか、高いビルから飛び降りるなど、常軌を逸する行動に安易に結びついてしまう、ともいわれております。池上兄弟のように、にっちもさっちもいかなくなっても、「決してあきらめたり、退いてはいけない、難に正面からぶつかって行きなさい」という大聖人の激励で、見事、問題を解決しているのです。

更に大聖人の激励は続きます。鎌倉に住む門下で夫と離別し、幼い娘を育てながら純真な信心を貫いた日妙上人という女性です。日妙上人は、大聖人が佐渡に流罪され、鎌倉の多くの門下が退転する中、幼い子供の手を引いて、佐渡に大聖人を求めて旅立ったのです。当時、鎌倉から佐渡へ向かう旅路は、今のように新幹線もなく、山を越え、海を渡るきわめて厳しいものでした。道中には山賊や海賊が出るなど、治安の悪化で宿でも気が休まらなかったといわれています。こうした日妙上人に対し、佐渡の大聖人は次のような御書で激励されています。

「仏と同じ境涯に」高めたいと大聖人

「我ら具縛《ぐばく》」の凡夫たちまちに教主釈尊と功徳ひとし彼の功徳を全体うけとる故なり、経にいわく『如我等無異《にょがとうむい》』等云々、法華経を心得る者は釈尊と斉等なりと申す文あり」と。

解釈としては、末法において妙法を受持すれば、仏と全く等しい境涯を得る事が出来るとの大確信を示されました。法華経方便品第２には「如我等無異」と説かれています。つまり、全ての人々の内面に、自身（釈尊）と同じ仏の境涯を開かせたいという誓願のままに釈尊は仏法を広めました。日蓮大聖人は、この経文にある通り、一見、迷いや苦しみに覆われている私たち凡夫も、その生命の奥底に釈尊と同じ優れた境地、「仏の命」を備えているのだと、教えられています。

他の御書でも、大聖人は「如我等無異と申して釈尊ほどの仏にやすやすと成り候なり」と仰せになっています。「如我等無異」これこそが仏の願いであり、末法でそれを可能にする大法こそ「妙法連華経の五字」に他ならないのです。つまり「全民衆を、自分と同じ境涯まで高めたい。全ての人を幸福にしたい。その誓願に生きる人が仏というのです。世間でいう、死んだ人が仏ではないのです。我が身をなげうって、不幸の人、貧しい人、苦しむ人を救っていくのが、日蓮大聖人の真意なのです。この自分の胸中の中に、自分でも気付かない無限の可能性があり、自分が変わることで、環境も変わることを示唆した哲理はキリスト教にもイスラム教にもない、世界一の哲学といわれる所以です。民族や国、宗教が違っても、生老病死の四苦には変わりがありません。どの国の民衆でも、大聖人の仏法を実践することにより、宿命を転換し、人間革命の実証を示しています。

人間は死んだらどうなる？

最近「渡る世間は鬼ばかり」の人気脚本家の橋田壽賀子さんの「安楽死で死なせて下さい」という、本を読みました。橋田さんは「もしも『安楽死させてあげる』って言われたら、『ありがとうございます』と答えていますぐ死にます。生きていたって、もう人の役に立ちませんもの。自分が死ぬなんて長い間考えたことが無かったのに、九十歳になって仕事がだんだん減ってきて、ほかに考える事も無くなったら、『あ、もうすぐ死ぬんだ』と考えるようになりました」と初めに書いています。

人間は誰しも死を見つめるべきと橋田さん

確かに、まれにみる高齢社会となり、認知症患者は現在でも５００万人を数え、軽度認知症障害（ＭＣＩ）の４００万人を合わせると、高齢者の四人に一人。二〇二五年には団塊の世代８００万人が75歳以上になると、認知症患者が７５０万人になると、厚労省は推定しています。

橋田さんは安楽死と言って見ても、日本では認められていないところから、スイスに行けば70万円で安楽死ができることを知り、そうしたいと。しかし、この本を書くきっかけは、戦時中の死が身近にあった体験を得て、いま90歳になり、死について考えるようになったというのです。そして「ある程度の年齢になったら、死について考える習慣を持っておいたらどうだろう」という提言でした。

全くその通りであると思います。確かに「死と太陽は直視できない」との言葉通り、現代人にはなかなか死について考える時間はないかもしれません。しかし、末法の法華経の行者・日蓮は「まず臨終の事を習ってから後に他事を習うべし」と仰せになっています。そして仏法では、死は、それで終わりではなく、三世に続くと説いています。過去世、現世、来世と説き、過去世の自分を知りたいと思うなら、現在の姿（結果）を見よ、そして来世の自分を知りたければ、現在の因（原因）を見よ、と説かれています。つまり、肉体は年齢とともに衰えますが、生命（魂）は永遠に続くというのです。

なるほど、人間は生まれ変わるといえば、中国の二〇〇〇メートルの奥地には前世を記憶している人々の村があり、一五年にわたり、現地を取材してきた森田健さんの本『生まれ変わりの村』を読むと、亡くなった後、二年ぐらいで生まれ変わり、前世の事をこと細かく表現しているというのです。つまり、よく聞く死後の世界や「臨死体験」は現代科学が発達すればするほど、明らかになってくることでしょう。

人間の行いが幸不幸を決定する九識論

この日本には犯罪を犯し、死刑や無期懲役を受けた服役中の人が五〇〇〇人もいるそうです。どれほど悔い、日夜反省している事でしょう。ならば、悪に手を染めないで、まっとうに生きるにはどうしたらよいのでしょうか。仏法をひも解いてみると、明確に説かれた原理があります。それは九識論といい、自分の日々行った行動がすべてを決するというのです。

ドイツの文豪ヘルマン・ヘッセは小説『ゲルトルート』で運命についてこう記しています。「避けることのできないものをはっきりした自覚をもって甘受し、幸福もわざわいも十分に味わいつくし、外的な運命とともに、より真実な、偶然のものではない内的な運命をかちとることこそ人生における重要事であるとすれば、わたしの人生は貧しいものでもなく、悪いものでもなかった。外的な運命は、すべての人びとと同様にわたしの上をさけがたく、神々によって定められたままに過ぎ去っていったのだが、内的な運命は、わたし自身がつくりあげたものである。その甘さや苦さは、当然わたしのものであり、また、自分の内的な運命にたいする責任は、わたしひとりで引きうけるつもりである」（彌生書房刊『人生の知恵Ⅰ ヘッセの言葉』）

これは、仏法で説く「自業自得《じごうじとく》」の原理です。世間では自業自得は、「悪い行いが巡り巡って本人が苦しむ事態を招く」という意味でのみ使われます。しかし、仏法が元来示していた自業自得の原理は、悪行にとどまらず、すべての行いの結果を自身が必ず受けるという、いわば「自己責任」を明確にしたものなのです。

そこで、わかりやすい原理が、九識論で論じられています。つまり9識とは

①　眼識
②　耳識
③　鼻識
④　舌識

⑤ 身識
⑥ 意識

この6つを6識といい、外からの情報をキャッチする機関です。まず、目で見て、耳で聞いて、鼻で臭いを嗅ぐ、舌で味わう、身で暑さ寒さを感じる、意で思い、その結果行動に移す。たとえば、お金が欲しい、欲しいと常に思っている人は、コンビニのレジや銀行の窓口に行き、「金を出せ」という行為に及ぶ。あるいは「振り込め詐欺」を思いつく。結果は「牢獄行き」でしょう。つまり、6識が清浄に働かないと、気に食わない人を殺《あや》めたり、犯罪に手を染めてしまうのです。そうした命は人間誰にも常におこるために、四国八十八か所や、御嶽山や富士山に金剛杖を持って「六根清浄」と唱えて、6根を清浄にする修行を行うのです。

宿命転換は宇宙のリズムに合わせる以外ない

次は7識です。7識の事を自我へのこだわり――「第七識・末那《まな》識」と呼びます。
第六識までが自身の外側の世界を認識しようとするのに対して、自身の内面を深く見つめようとするのが、第七識の「末那《まな》識」です。末那識は「我《が》」（アイデンティティー）を特徴とし、西洋心理学でいう「自我」（エゴ）のはたらきと似た面があります。つまり、「自分はこう思う」と、間違った考えでも、言い放つ人が見受けられます。目先の欲望にとらわれたり、自身におごり他人を見下したり、このように末那識は強烈な自己保存の欲望であり、それが苦悩の源でもあるが、その欲望自体を消し去ってしまうと自身も消し去ってしまうことにもなるのです。この末那識の命も、6根が清浄でないと、判断を誤るのです。

過去に何があっても前向きに生きることが幸せへの道

すべての行為は自分の蔵に貯まる

次は経験の貯蔵庫—「第八識・阿頼耶識《あらや》」です。

「阿頼耶」とは、サンスクリット（梵語）で「蔵」という意味です。自分の行った行動や発言、思考・感情などの種々の行いはサンスクリットで「カルマ」と呼ばれ、「業《ごう》」と漢訳されます。この「業」の情報を集積するのが「阿頼耶識」であります。現代風にいえば、事故に会う人、離婚、火事に会うなど、こうした傾向の命は、一般的には「宿命」とか、「宿業」といわれています。

強烈な体験をした人には、精神的トラウマが残り、人格形成や後の人生の幸不幸が左右されます。

仏法の阿頼耶識に蓄えられる業の痕跡は、心身の振る舞いのすべてにわたり、決してなくならず、それぞれに応じた縁によって発現し、果報をもたらします。標高8000メートル級のヒマラヤの雪は、一年中消えることが無いため、個人が積んだ業の事を「ヒマラヤの雪」とも言われています。

たとえば、「世のため、人のために」に行った人の行為は、プラスに換算され、善根となって積まれます。反対に、自分だけ金儲けをしたり、人を貶めていい思いをした人は「マイナス」となって業が積まれるのです。

太ったり、やせた人の体形は、その人の生活習慣や環境の影響を反映していますが、精神面でも、それまでの生き方、経験、学んだことなどを反映して、その人の現在のものの見方、考え方が形作られています。

ただ、人生楽しければいいといった考えや、楽をして、ただ、うまいものを食べたいといった考えは、最終的には、自らを破滅に導いてしまいます。

ドイツの詩人ヘルダーリンは、次のように言います。

「あらゆる喜びは苦難から生まれる。

そしてただ苦痛の中にのみ
わたしの心をよろこばす最善のもの、
人間性のやさしさは、育つのだ」と。

仏法では、常に生成消滅していく自身に対する正しい対処法を示し、苦悩を解決し、より豊かな人生を構築するよう促すのです。

すなわち、自身は行いの集積なのだから、今の自分はどうであれ、これからの行いで変革し向上していける自由があるととらえ、失われていく価値をはかなく追い求めたり、さらには今の自分に安住したりすることなく、〝新たな価値創造〟へと向かうことが道理にかなった生き方である――こう教えているのです。

晩節を汚さないために

途中に種々の過ちや苦悩があっても、それを反省し克服し、むしろバネにして、最後には人々にも幸福をもたらすようになれば、ハッピーエンドの物語となるのです。また逆に、最初は正しい道を歩み順調で人々にも慕われていても、途中でつまずいて変節してしまえば、自身も不幸になり、慕っていた人々をも迷わせ、不幸へと向かわせかねないのです。

大金持ちになったり、大会社の社長になり、名誉や地位を得た人で、《晩節を汚す》人も近頃、少なくありません。

したがって「過去の業」に縛られることなく、常に「今から」「これから」と前向きな姿勢で、「過去の業」をも生かして豊かな人生を築くことが求められているのです。
それには人生をかけて悔いない哲学・宗教が求められているのです。

「全人類の幸福と世界の平和」を目指す創価学会の真実

これまでは、仏教の創始者・釈尊は、大乗仏教の真髄である法華経こそ、一切衆生を救う教えとして示されてきました。しかし、末法の御本仏日蓮大聖人は、その法華経の肝心であり、根本の法である南無妙法蓮華経を、未来永遠にわたる人類救済の法として、世界に広める（広宣流布）することを御遺命されたことを述べてきました。

大聖人の御遺命のまま出現した創価学会

そこで今回は、大聖人の御遺命のまま創価学会に引き継がれた活動（広宣流布）について述べてみたいと思います。

牧口常三郎（初代会長）と戸田城聖（第2代会長）は、1930年（昭和5年）11月18日に大聖人の意志のままに創価学会を創立されました。創価学会の大目的は「全人類の幸福と世界の平和」というロマンあふれるドラマの実現でした。

牧口初代会長は、不思議の縁により大聖人の仏法に帰依され、仏法が生活法であり価値創造の源泉であることを覚知され、戸田第２代会長とともに広宣流布の実践として弘教（折伏）を開始されました。第二次世界大戦中、国家神道を奉ずる軍部政府に対して「この戦争はやめるべきだ」と国家諫暁《こっかかんぎょう》を叫ばれ、その結果、弾圧・投獄され、獄中にて逝去されました。

牧口会長は、「死身弘法」の精神をご自身の殉教《じゅんきょう》によって後世に遺されたのです。現在、創価学会が韓国や中国などアジア諸国から信頼されているのは、「戦前、戦争に反対した教団である」ことが大きいといわれています。また、創価学会を創立された牧口常三郎初代会長が自分の信念を貫き、命を賭したこの一点から、いま世界中の識者から信頼されている団体なわけです。

戸田第２代会長は、牧口会長とともに二年間、投獄され、獄中において「仏とは生命なり。万人に仏の生命が備わっている」との悟りを得られました。そして戦後、創価学会の再建に着手され、人間革命の理念を掲げて、大聖人の仏法を現代に蘇生させる実践を開始されたのです。

会長就任に当たり、「この世から貧乏人と病人をなくす」と宣言、広宣流布は創価学会が断じて成就するとの誓願を立てられ、「法華弘通のはたじるし」として「創価学会常住」の御本尊を学会本部に御安置され、本格的な広宣流布の戦いを展開されました。信仰は文証・理証・現象といい、その宗教には文献があるか、理論的に科学と矛盾しないか、そして信仰した結果、いわれた通りの（結果）幸せの現象が出る。この3つがそろって本物の信ずるに足る宗教といえるのです。当初は創価学会に対し「貧乏人と病人の集まり」と批判されましたが、次第に会員が功徳を受け、生活が変わるのを見て、会員が急激に増加、戸田会長は、75万世帯の願業を達成されて、日本における広宣流布の基盤を確立されたのです。

「正しい人生とは」何かと池田青年

池田大作第3代会長は、戸田2代会長と19歳の時に東京都大田区蒲田の座談会で初めてお会いし、「正しい人生とはいったい、どんな人生を言うのでしょうか」また「本当の親孝行とは」「本当の愛国心とは」と、矢継ぎ早に質問したそうです。戸田第2代会長は初対面の一青年に懇切丁寧に日蓮大聖人の教え、すなわち人間が誰しも解決できない「生老病死」の打開と、本当の幸せとは何か、大聖人だけが生命の尊厳を解き明かされていることを力説。戸田会長の人間性に感銘して池田青年は入会の決意を披歴します。戸田会長亡きあと、32歳の若さで第3代会長に就任した池田青年は、広宣流布の指揮をとることを宣言され、怒濤の前進を開始されました。

日本においては、未曾有の弘教拡大を成し遂げられ、現在、827万世帯となり、約10人に一人が創価学会員となり、広宣流布の使命に目覚めた民衆勢力を築き上げられました。とともに、牧口会長と戸田会長の御構想をすべて実現されて、大聖人の仏法の理念を基調とした平和・文化・教育の運動を多角的かつ広汎に展開し、社会のあらゆる分野に一大潮流を起こし、広宣流布を現実のものとされたのです。

1975年1月26日には、世界各国・地域の団体からなる創価学会の国際的機構として創価学会インタナショナル（SGI）を設立されました。それによって、世界においても仏法の理念を基調として、平和のための善の連帯を築かれました。インドやブラジル、イタリアなどでも、一年に「万」単位で入会され、それぞれ持った宿命を打開、幸せを実感されているそうです。

創価思想により時代と社会をリード

世界平和を希求する仏法者、人間主義の活動家として、池田大作第３代会長は、これまで世界54か国・地域を訪問し、各国の指導者、文化人、学者等と会見、対談を重ねました。

また、創価学園・創価大学・アメリカ創価大学のほか、日本で最大の音楽鑑賞団体（財）民主音楽協会、（財）東京富士美術館、（財）東洋哲学研究所、牧口記念教育基金会、戸田記念国際平和研究所など教育・音楽・美術・学術の諸団体を創立。

「国連平和賞」をはじめモスクワ大学、ボローニャ大学など世界の大学・学術機関からの名誉博士号・名誉教授等の称号も３７０を数えています。

主な著書に、小説『人間革命』（全12巻）、『二十一世紀への対話』（A・トインビーとの対談）など。また、『さくらの木』などの童話や、『青春対話』など青少年向けの著作も数多い。

とりわけ、昭和39年、政治面では「公明党」を創立。「大衆とともに語り、大衆と共に戦い、大衆の中で死んでゆく」との政治家としての理念を打ち立てました。以来52年、公明党は今日では地方議会に3000人の議員を擁し、地方議員と国会議員のネットワークによって、国政では自民党と連立政権を樹立、大衆に根差した政策を実現してきました。市民運動家やNPOなど、政治の力を必要とする団体はもっと、庶民の党・公明党を使うべきとの声も上がっています。

また、ソ連のゴルバチョフ大統領ら首脳とは、「世界平和へ国家・民族を超えた友情

国や顔色が違っても対話で世界は平和になる

の連帯」をめぐって、また、音楽家のメニューイン氏、美術史家のルネ・ユイグ氏らとは、「人間の精神性と芸術」を語らい、さらに、宇宙飛行士と「宇宙のロマン」の対談を繰り広げるなど、あらゆる分野の人物と対話をしています。

このほか池田氏は、ハーバード大学、モスクワ大学など世界の最高学府で講演も行い、人類の未来のためのメッセージを発信。また１９８３年（同58年）以来、毎年、「ＳＧＩの日」である１月26日に記念提言を発表し、「環境国連」や「核廃絶のための特別総会」の開催など、世界の平和と地球の未来へ向けての具体的提案を行っています。

こう書いてくると、創価学会の発展は順風満帆のように見えますが、とりわけ池田会長に対する誹謗・中傷は筆舌に尽くせぬものがあったようです。国家権力は、学会の発展に危機感を抱き、選挙違反という名目で池田を逮捕、さらにはレイプ事件まででっち上げて、徹底的に週刊誌などを使って誹謗・中傷を繰り返します。しかし、真実は一つ。池田氏は矢面に立って会員を守り、裁判でも無実を勝ち取るなど、大聖人に勝るとも劣らない難を受けています。

20世紀最大の歴史家・トインビー博士と対談

特筆すべきは1969年の秋、池田第3代会長のもとに一通のエアメールが届きました。それは「20世紀最大の歴史家」とも評されるイギリスのトインビー博士からの、「対談」を要請する書簡でした。「現在、人類が直面している諸問題に関して、二人で有意義に意見交換できれば幸いです」。そして「うららかな春を迎える5月」に、ロンドンで語り合いたいとつづられていたそうです。

「私はこれまで、仏法者として、『生命の尊厳とは何か』『人間とは何か』といった根源的なものを、常に探究してまいりました」と語る池田氏にトインビー博士は応じた。「まさに、私もその点を話したかったのです。長い間、この機会を待っていました。やりましょう！　21世紀のために語り継ぎましょう！　私はベストを尽くします！」

86歳のトインビー博士と44歳の池田氏の対談のテーマは、「人生と社会」「政治と世界」「哲学と宗教」という三つの柱を軸として、地球文明の未来、国際情勢、恒久平和、生命論、環境問題、女性論、青年への期待、教育論など、多岐にわたっています。

翌年5月の語らいと合わせ、のべ10日間、40時間にもわたった対談を終えた際、トインビー博士は、池田会長の手を握りしめて言った。

「私は、対話こそが、世界の諸文明、諸民族、諸宗教の融和に、極めて大きな役割を果たすものと思います。人類全体を結束させていくために、若いあなたは、このような対話を、さらに広げていってください」そして、ローマクラブの創立者ペッチェイ博士など、トインビー博士の友人の名前を記したメモを託し、会うことをすすめたのです。

やがて、語らいは、対談集『二十一世紀への対話』として結実。発刊から30年以上経った現在、28言語に翻訳され、トインビー対談を愛読する識者や国家指導者は多く、世界の大学から講演依頼が相次ぎ、アメリカの名門ハーバード大学では２度も講演を行いました。

二人の対話を貫いているもの……それは、現代世界が抱えているさまざまな問題群を「傍観者」ではなく「当事者」としてとらえ、その解決の方途を真剣に探ろうという責任感と情熱でもあるのです。

トインビー博士が対談を始める際、青年のごとく語る言葉がありました。

「さあ、今日も、共に語りましょう。人類のために！　未来のために！」

トインビー博士がなぜ池田会長と対談を望んだか、それには博士がマルクスレーニン主義やキリスト教では、もはや温暖化や民族の抗争など地球問題群を解決できないと悟り、東洋の大乗仏教の実践者である、創価学会に目を付け、対談を望んだとのことです。

「池田会長とはどうしても会いたかった」と周総理

更には１９６０年代初めから、「創価学会は、日本の民衆のなかから立ち上がった団体である」ということに着目していた中国の周恩来総理。１９６８年に池田が発表した「日中国交正常化提言」を高く評価しました。

池田第３代会長に日中の未来を託したい……病状を心配する医師団から「会見すれば、命の保証はできません」と、反対されても「池田会長とは、どんなことがあっても会わねばならない」と譲らず、実現させた会見でした。（１９７４年12月５日）

「20世紀最後の25年間は世界にとっても大事な時期です」―周総理は、日中の友好、アジアの平和、さらには世界の平和と安定について、万感を込めて語ります。「中日両国人民の友好関係の発展は、どんなことをしても必要であることをあなたは何度も提唱されている。そのことが私にとってとてもうれしいのです」「あなたは若いからこそ大事に付き合いたいのです」

約30分にわたって行われた会見。翌6日付「人民日報」には〝池田会長夫妻と、親密で友好的な話し合い〟と写真入りで報道されました（1974年12月6日、北京）

「50年前、桜の咲く頃に私は日本を発ちました」――19歳で留学した日本の思い出を、周恩来総理は懐かしそうに振り返った。この時、周総理76歳、池田氏は46歳だった。

会見の翌春、新中国からの初の国費留学生6人を日本で唯一受け入れたのは、池田が創立した創価大学でした。

周総理が日本に留学した時、大学で学ぶ機会を得られず、苦労したことに報いたいとの池田氏の真情でした。留学生の身元の保証から日常生活にいたるまで、こまやかに心を砕いた。そして同大学構内に、桜の木の植樹を提案。日中友好と平和への願いが込められた桜は「周桜」と命名され、今も青年の成長を見守っています。この6人のうちの一人が現在の程永華在日中国大使です。現在中国では北京大学をはじめ30以上の大学で「池田大作平和思想研究所」が活躍しているとのことです。

学会の中心道場は信濃町

池田第3代会長は、戸田2代会長も広宣流布の指揮をとられた、師弟の魂魄《こんぱく》を留める不変の根源の地である東京都新宿区信濃町に、創価学会の信仰の中心道場の建立を発願され、その大殿堂を「広宣流布大誓堂」と命名されたのです。

2013年11月5日、池田氏は、「大誓堂」の落慶入仏式を執り行ない、「広宣流布の御本尊」を御安置され、末法万年にわたる世界広宣流布の大願をご祈念されて、全世界の池田門下に未来にわたる世界広宣流布(世界平和)の誓願の範を示されました。

いまや世界192カ国・地域の会員は、国籍や老若男女を問わず、「大誓堂」に集い来り、永遠の師匠と尊敬する「三代会長」と心を合わせ、民衆の幸福と繁栄、世界平和、自身の人間革命を祈り、ともどもに世界広宣流布を誓願しているのです。

現在、池田氏は、平成30年1月2日で90歳の傘寿を迎え、30歳まで生きられないといわれたお体も、今なお元気で聖教新聞紙上に小説「新・人間革命」30巻の執筆、世界と日本のメンバーに激励を続けているのです。日蓮大聖人は「日蓮が慈悲曠大ならば南無妙法蓮華経は万年の外・未来までもながるべし、日本国の一切衆生の盲目を開ける功徳あり、無間地獄の道をふさぎぬ」と宣言、ある識者は「創価学会は将来、世界宗教になっているだろう」と語っています。

哲学者のM・ブーバーは人間の決定的な宗教経験は「禍と福、絶望と期待、破壊と新生の力が共存するところにこそ生じる」といいます。(斉藤哲一『ブーバーに学ぶ』日本教文社)人生は成功ばかりで、失敗が無い、安楽ばかりで悩みが無い—そんな人生などない。「本当の幸せとは」— 苦悩や災いをバネにして勝ち取ったところにあるということでしょう。

おわりに

最後までお読みいただきありがとうございました。これは月刊誌「信州の東京」に連載していたものに、加筆させていただいたものです。仏法とは何て言葉が難しく、わかりずらいとお考えになったのではないでしょうか。確かに、３０００年前に釈迦が悟りを開き、インドからシルクロードを通って中国の敦煌では、仏教美術が目を見張るように栄えました。その後、朝鮮半島を通って日本に上陸。鎌倉時代の日蓮大聖人によって、釈迦の説いた仏教の究極が明かされました。

大方の日本人は、自分で信仰を選ぶのではなく、先祖代々の家の宗教に固執しているようです。それは江戸時代に、キリシタンを防ぐために幕府が、現在の役所の様に、そこに住む住人を地域の寺（宗派）につけたといわれています。したがってその宗派がどんな教義を持ち、どんな利益があり、あるいは害毒があるかなど、知る由もなかったのです。

それを日蓮大聖人が各宗派を悉く勉強し、念仏無間地獄・禅天魔の所為、真言亡国などと宣告したので、幕府はおろか、日本中から非難を浴びたのでした。しかし、いいものは良い、悪いものは悪いという、当たり前のことについて大確信で訴え続けました。そして大聖人は、この教えは、世界に広まることは「大地を的とするなるべし」と仰せになり、どんなに弓を射る人が下手でも、大地に当たると、宣言されています。事実、大聖人の教えを継いだＳＧＩ（創価学会インターナショナル）は短期間で世界１９２カ国・地域にまで広まっており、日本が発信する思想が世界に広まった例はないとまでいわれています。

この拙書にオビを書いていただいた吉岡忍さんは、伝統ある日本ペンクラブの現会長です。初代の会長はやはり長野県出身の島崎藤村でした。改めて御礼申し上げます。また、創価学会の名誉会長・池田大作氏を人生の師と仰ぐことが出来、「人間としての本当の幸せとは何か」を教えていただいたことは、感謝してもしきれない恩を感ずる昨今です。

平林　朋紀

平成30年　春

参考文献

日蓮大聖人御書全集　仏法入門

現代語訳 立正安国論　開目抄―世界広布の翼を広げて

法華経 方便品寿量品の解説　SOKAnet

平林 朋紀 (ひらばやし ともき) 略歴

長野県佐久市出身。公明新聞記者、理論誌「公明」編集長、公明新聞1面コラム「北斗七星」を15年間執筆。定年後、平成19年10月、中小企業の社長の自殺を防ぐため、NPO法人「再チャレンジ東京」を設立。現在は子供の、いじめ・自殺防止に力を注ぎ、学校で「いじめ・自殺」防止の道徳特別授業を展開。

毎年、いじめ・自殺撲滅の作文・ポスター・標語・ゆるキャラを募集、優秀作品を都内をはじめ全国の学校に配布。いじめ・自殺撲滅を交通事故死を減らしたごとく、国民運動にしていくために奮闘中。

NPO法人再チャレンジ東京、いじめ・自殺防止国民運動本部理事長。日本ペンクラブ会員、長野県人会連合会理事。

本当の幸せとは

—仏法をヒモ解いてみると—

2018年5月3日　第1刷発行

著　者　平林　朋紀（ひらばやし　ともき）

発行者　藏林　一平

発行所　平成出版 株式会社

〒104-0061　東京都中央区銀座7丁目13番5号
NREG 銀座ビル1階

マーケティング室／東京都渋谷区恵比寿南2丁目

TEL 03-3408-8300　FAX 03-3746-1588

平成出版ホームページ　http://www.syuppan.jp

メール　book@syuppan.jp

発　売　株式会社 星雲社

〒112-0005　東京都文京区水道1-3-30

TEL.03-3868-3275（ご注文用）FAX.03-3868-6588

編集協力　田島恒

表紙レイアウト・本文イラスト　平林弘子

印　刷　ムートランド株式会社

《特定非営利活動法人 再チャレンジ東京の活動》

◆子供たちの、いじめによる自殺が深刻なため、小中学校を中心に、音楽チームと朗読チーム、「食と心の健康」チームによる「道徳特別授業」を巡回し「いじめ」をテーマに子供たちに寄り添う活動をしています。また、予防措置として、「いじめ・自殺撲滅」作文、標語、ポスター、ゆるきゃらを全国から募集。コンクールを開催、優秀作品を都内の全小中高等学校に配布、要望があれば全国の小中学校並びに高校にも配布しています。

これまで東京都と共催で都内を中心に30校、6500人の生徒が聴講しています。

◆拡大版道徳特別授業

これは、いじめをなくすために、学校と保護者だけでなく、地域の町内会やPTA等が集まり、いじめをなくすイベントを行い、地域ぐるみでいじめをなくそうという企画です。国民運動の一環です。

いじめ・自殺をなくすために、
皆様の応援をお願いいたします。

◉銀行振り込みは

「りそな銀行、新宿支店、普通3418126です。

◉郵便振り込みは

全国の郵便局から、00130-6-781832

加入者は、「NPO法人再チャレンジ東京」です。